CB082379

Diário do Peregrino

Publicações
Pão Diário

Frase e pensamentos extraídos de:
O Peregrino
por John Bunyan
Copyright © 2020 Publicações Pão Diário.
Todos os direitos reservados.

Tradução e impressão em português com permissão.
© 2023 Publicações Pão Diário.
Todos os direitos reservados.

Coordenação editorial: Rita Rosário
Tradução: Wilson Ferraz de Almeida
Revisão: Rita Rosário, Lozane Winter
Projeto gráfico: Audrey Novac Ribeiro
Diagramação e capa: Rebeka Werner

Proibida a reprodução total ou parcial, sem prévia autorização, por escrito, da editora.
Todos os direitos reservados e protegidos pela Lei 9.610, de 19/02/1998.

Pedidos de permissões devem ser direcionados a: permissao@paodiario.org

Exceto quando indicado no texto, os trechos bíblicos mencionados são da edição Revista e Atualizada de João Ferreira de Almeida © 1993 Sociedade Bíblica do Brasil.

Publicações Pão Diário
Caixa Postal 9740,
82620-981 Curitiba/PR, Brasil
publicacoes@paodiario.org
www.publicacoespaodiario.com.br
(41) 3257-4028

Código: JK964
ISBN: 978-65-5350-356-4

1.ª edição: 2023 • 3.ª impressão: 2025

Impresso na China

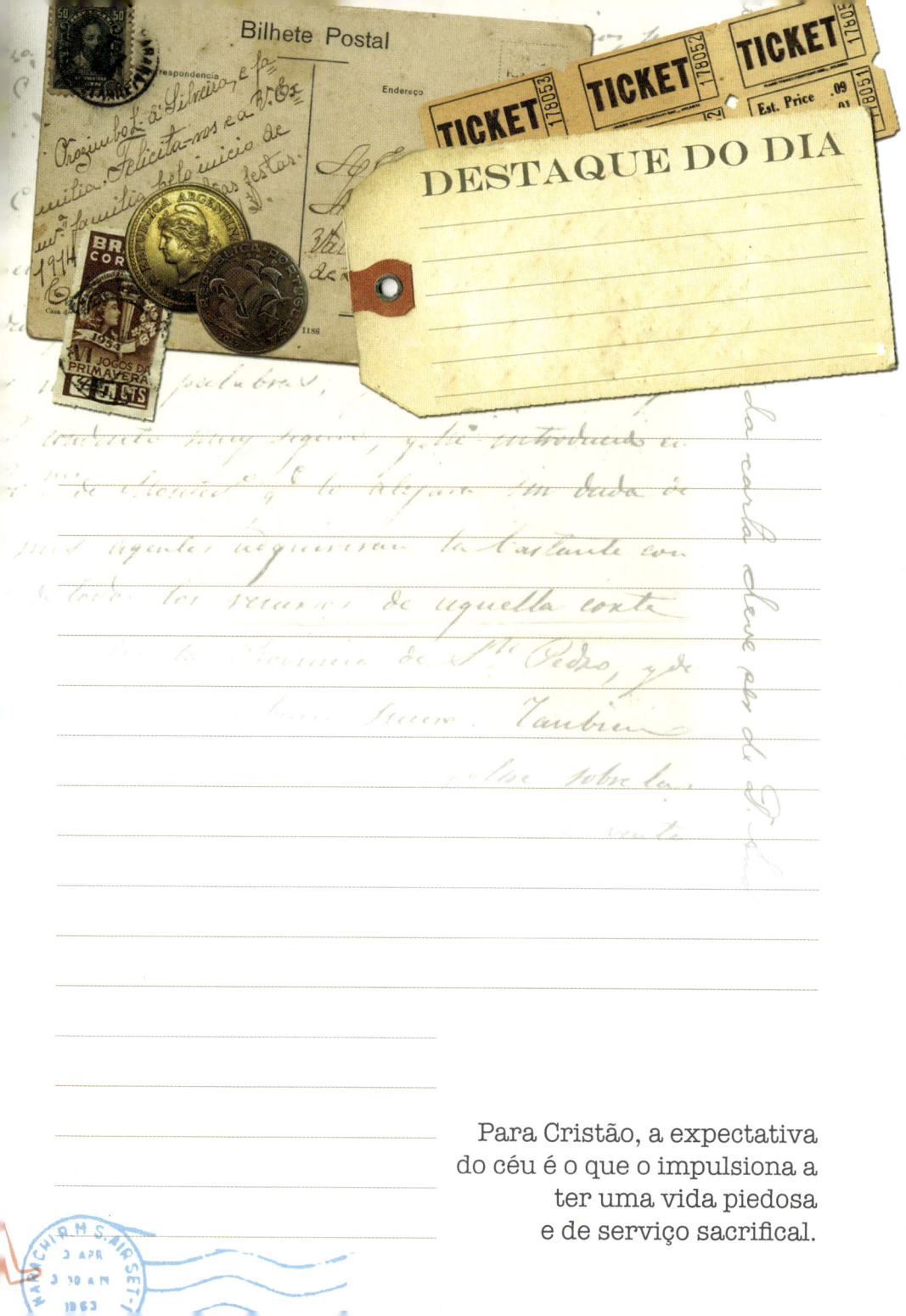

DESTAQUE DO DIA

Para Cristão, a expectativa do céu é o que o impulsiona a ter uma vida piedosa e de serviço sacrifical.

Eu vi o homem abrir o livro e ler; enquanto lia, chorou, tremeu e clamou tristemente: "O que devo fazer?" (ATOS 2:37; 16:30; HABACUQUE 1:2,3).

DESTAQUE DO DIA

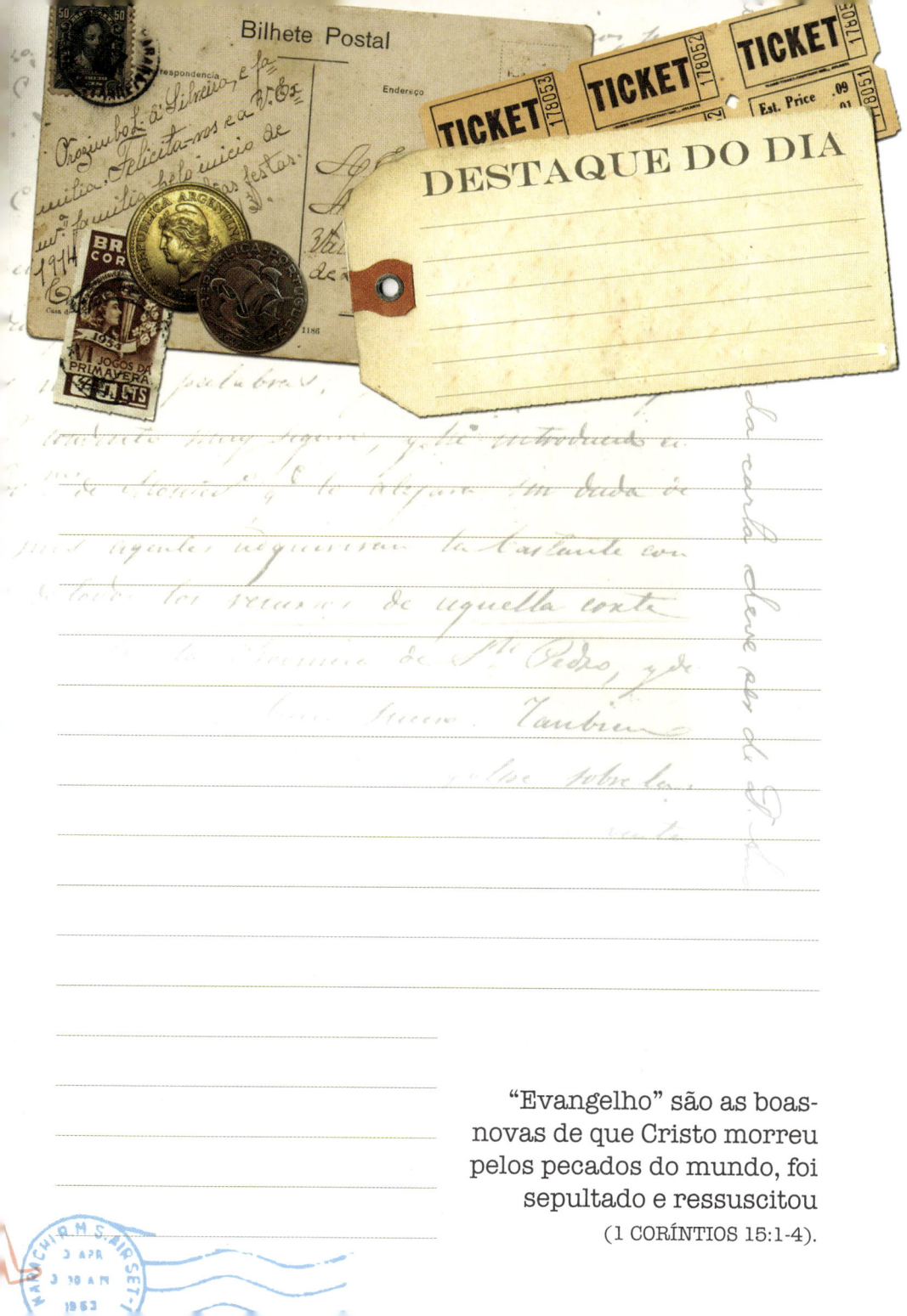

DESTAQUE DO DIA

"Evangelho" são as boas-novas de que Cristo morreu pelos pecados do mundo, foi sepultado e ressuscitou (1 CORÍNTIOS 15:1-4).

A Palavra de Deus é "uma luz que brilha em lugar escuro". Se as pessoas seguirem a luz que Deus oferece, Ele as levará à salvação.

DESTAQUE DO DIA

Nosso desejo por Deus e pela salvação deve ser tão grande que até os laços terrestres mais estreitos não nos impedirão de alcançá-los
(LUCAS 14:26).

DESTAQUE DO DIA

Quando o pecador começa a buscar por salvação, amigos com boas intenções tentam persuadi-lo a abandonar a jornada.

DESTAQUE DO DIA

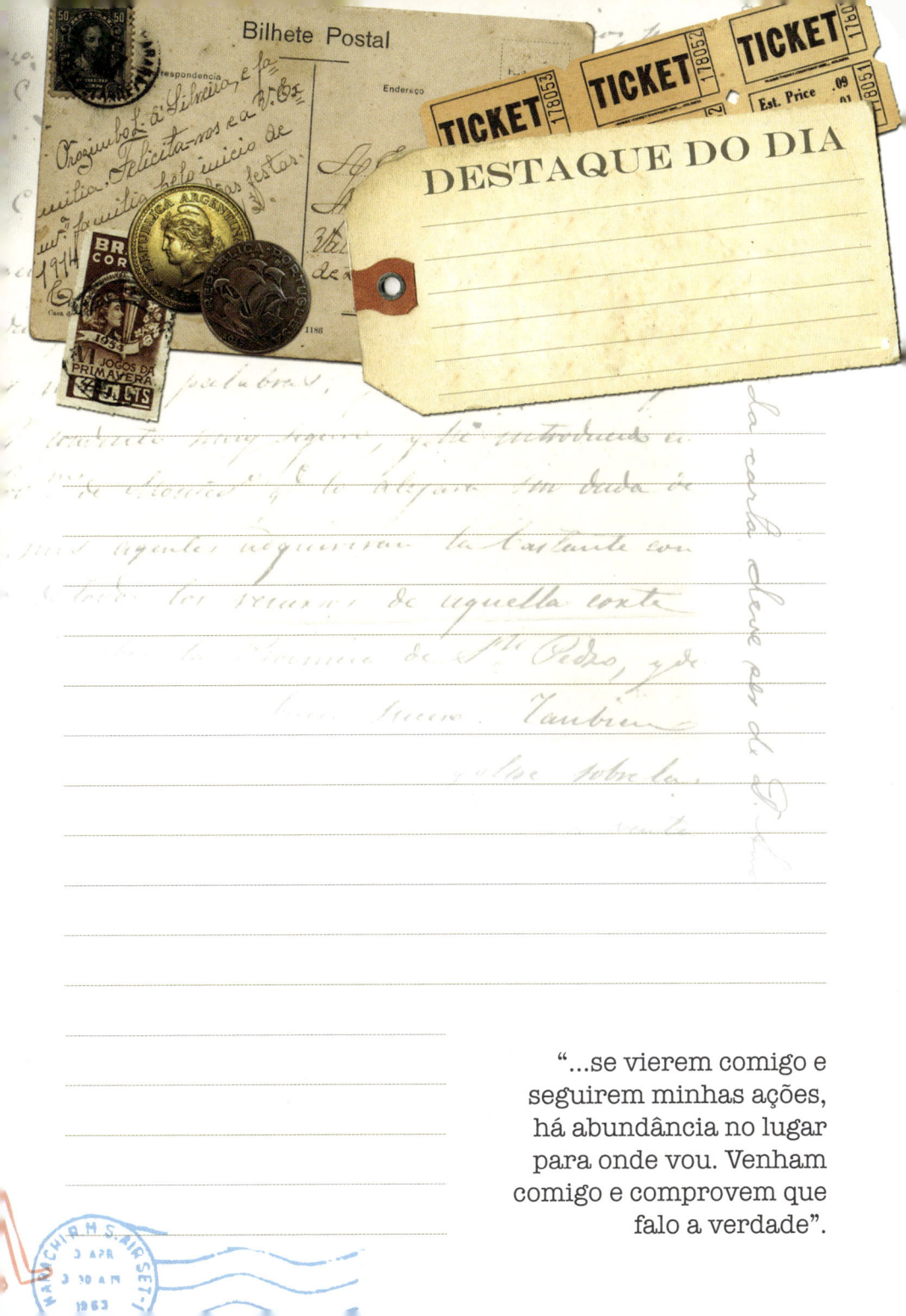

DESTAQUE DO DIA

"...se vierem comigo e seguirem minhas ações, há abundância no lugar para onde vou. Venham comigo e comprovem que falo a verdade".

Procuro uma herança [...] que está guardada no céu a ser outorgada no tempo determinado àqueles que a buscam diligentemente.

DESTAQUE DO DIA

Mantenha o olhar naquela luz e caminhe em sua direção [...] você conseguirá ver o portão. Bata e você receberá as instruções sobre o que deverá fazer.

DESTAQUE DO DIA

Existe um reino que não acabará e receberemos vida eterna para podermos habitar nesse reino para sempre.

DESTAQUE DO DIA

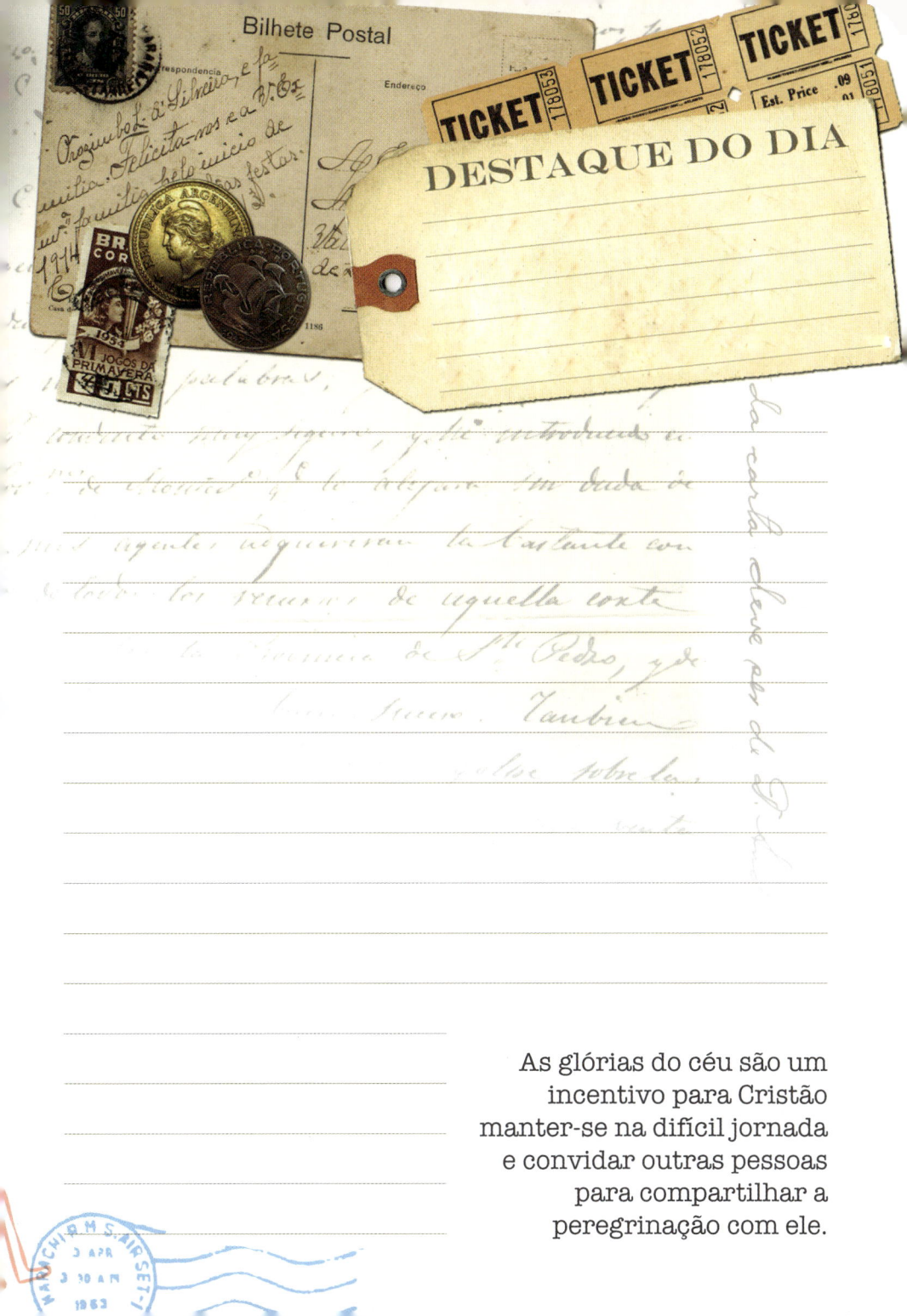

DESTAQUE DO DIA

As glórias do céu são um incentivo para Cristão manter-se na difícil jornada e convidar outras pessoas para compartilhar a peregrinação com ele.

Deus está disposto a nos salvar se estivermos dispostos a receber Seu dom da vida eterna.

DESTAQUE DO DIA

DESTAQUE DO DIA

Esse livro [a Bíblia] foi escrito por Aquele que não pode mentir.

As pessoas que desejam a salvação para evitar tribulações sempre se desapontarão.

DESTAQUE DO DIA

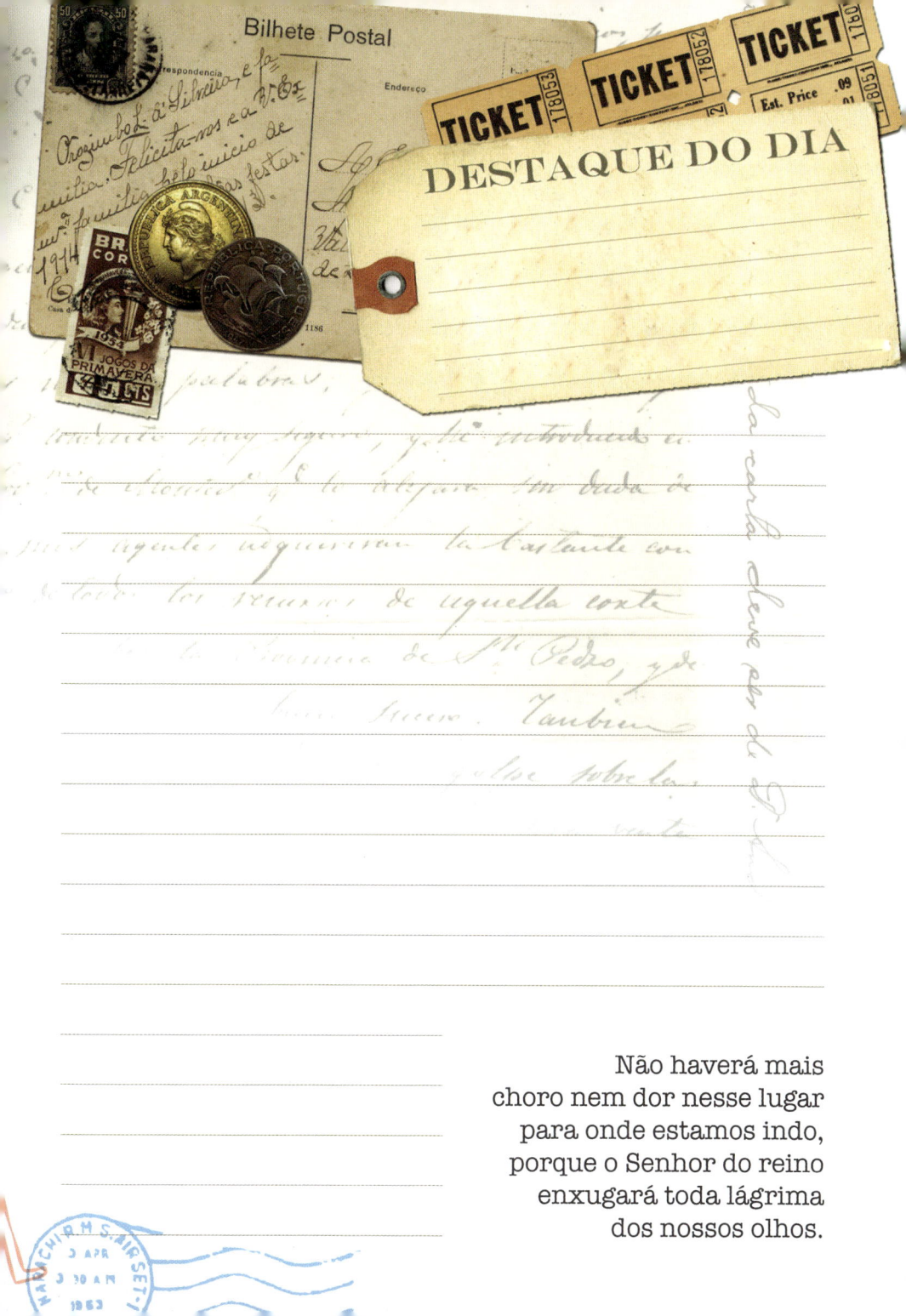

DESTAQUE DO DIA

Não haverá mais
choro nem dor nesse lugar
para onde estamos indo,
porque o Senhor do reino
enxugará toda lágrima
dos nossos olhos.

Se, sinceramente, desejarmos
fazer parte deste reino,
Ele [o Senhor] nos concederá
gratuitamente.

DESTAQUE DO DIA

DESTAQUE DO DIA

A salvação envolve mais do que a recompensa celestial.

A graça é uma dádiva divina
aos pecadores indignos.

DESTAQUE DO DIA

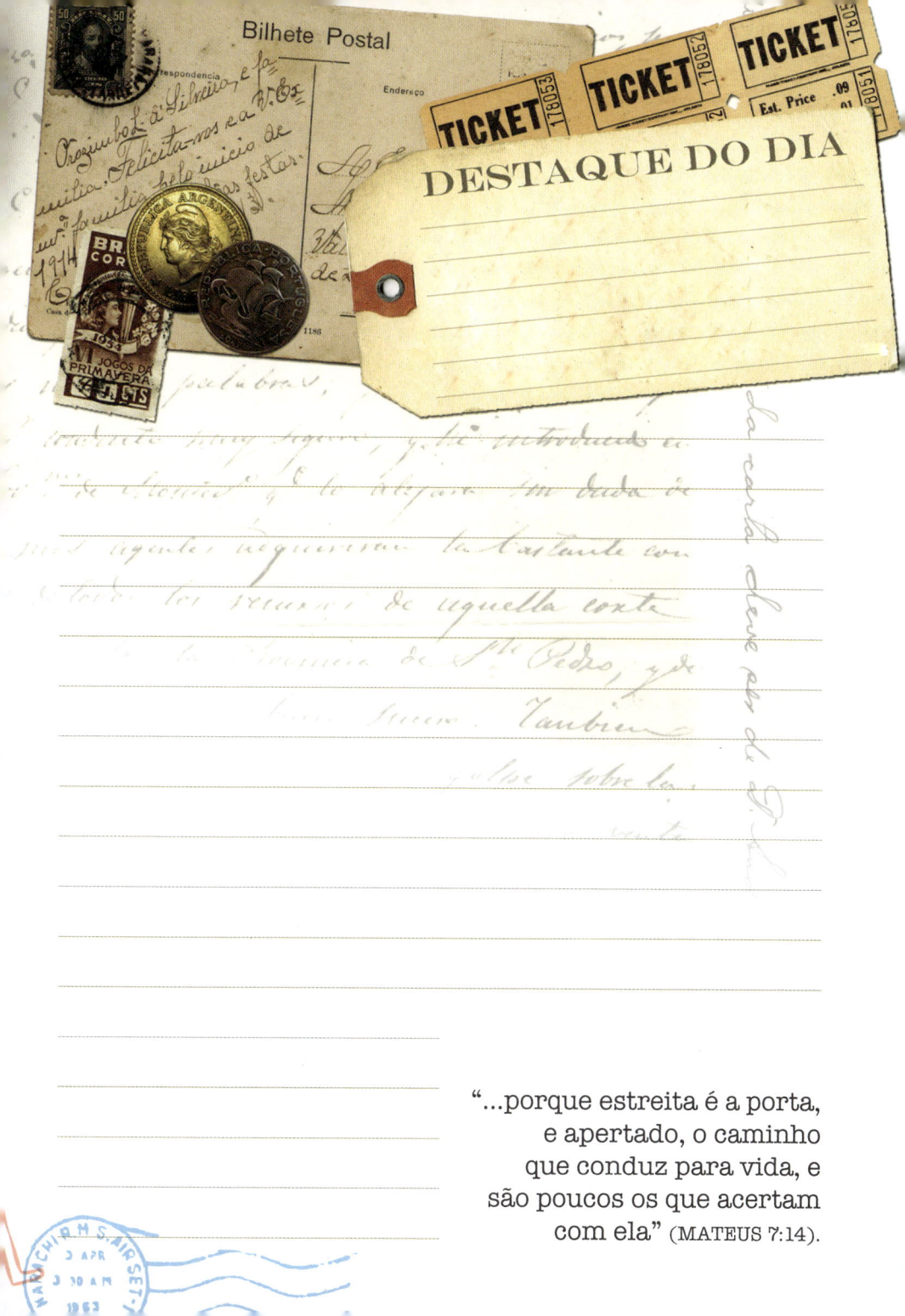

DESTAQUE DO DIA

"...porque estreita é a porta, e apertado, o caminho que conduz para vida, e são poucos os que acertam com ela" (MATEUS 7:14).

Você deve abominar qualquer doutrina que possa persuadi-lo de que esta verdade, sem a qual você não pode ter a vida eterna, será a sua morte.

DESTAQUE DO DIA

As pessoas que dependem de moral
religiosa evitam a doutrina da cruz,
pois ela revela a malignidade do pecado
e a necessidade de um Salvador.

Se alegravam, mas também percebiam a grandeza e a santidade de Deus, portanto, temiam.

DESTAQUE DO DIA

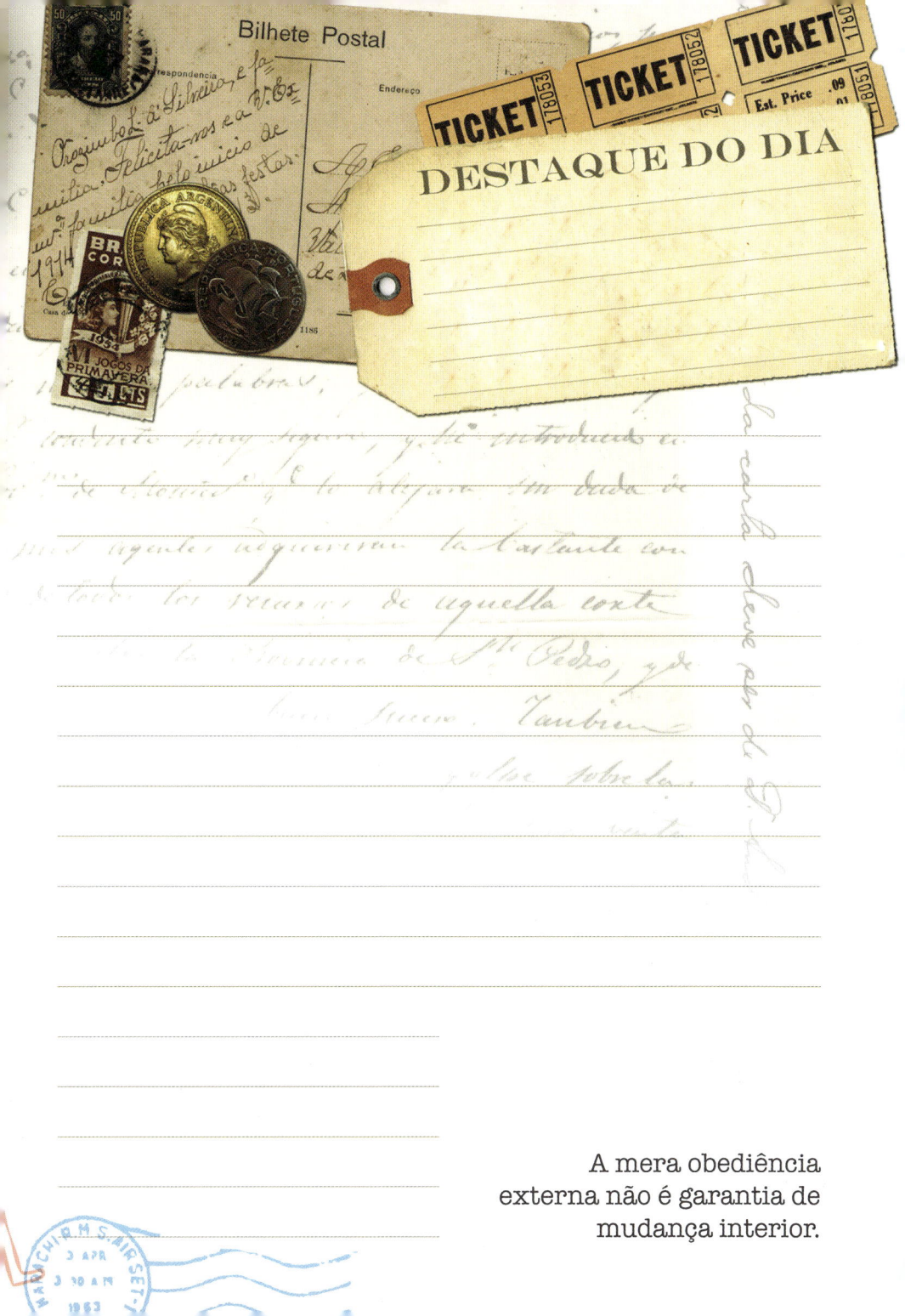

DESTAQUE DO DIA

A mera obediência externa não é garantia de mudança interior.

Você vê aquele caminho estreito?
Esse é o caminho que deve seguir.

DESTAQUE DO DIA

Quando o pecador se torna ciente de sua condição de perdido, muitos medos, dúvidas e apreensões desencorajadoras surgem em sua alma.

Deus provê um caminho certo, e nenhum homem precisa cair no Pântano da Desconfiança. Mantenha-se no caminho de Deus.

DESTAQUE DO DIA

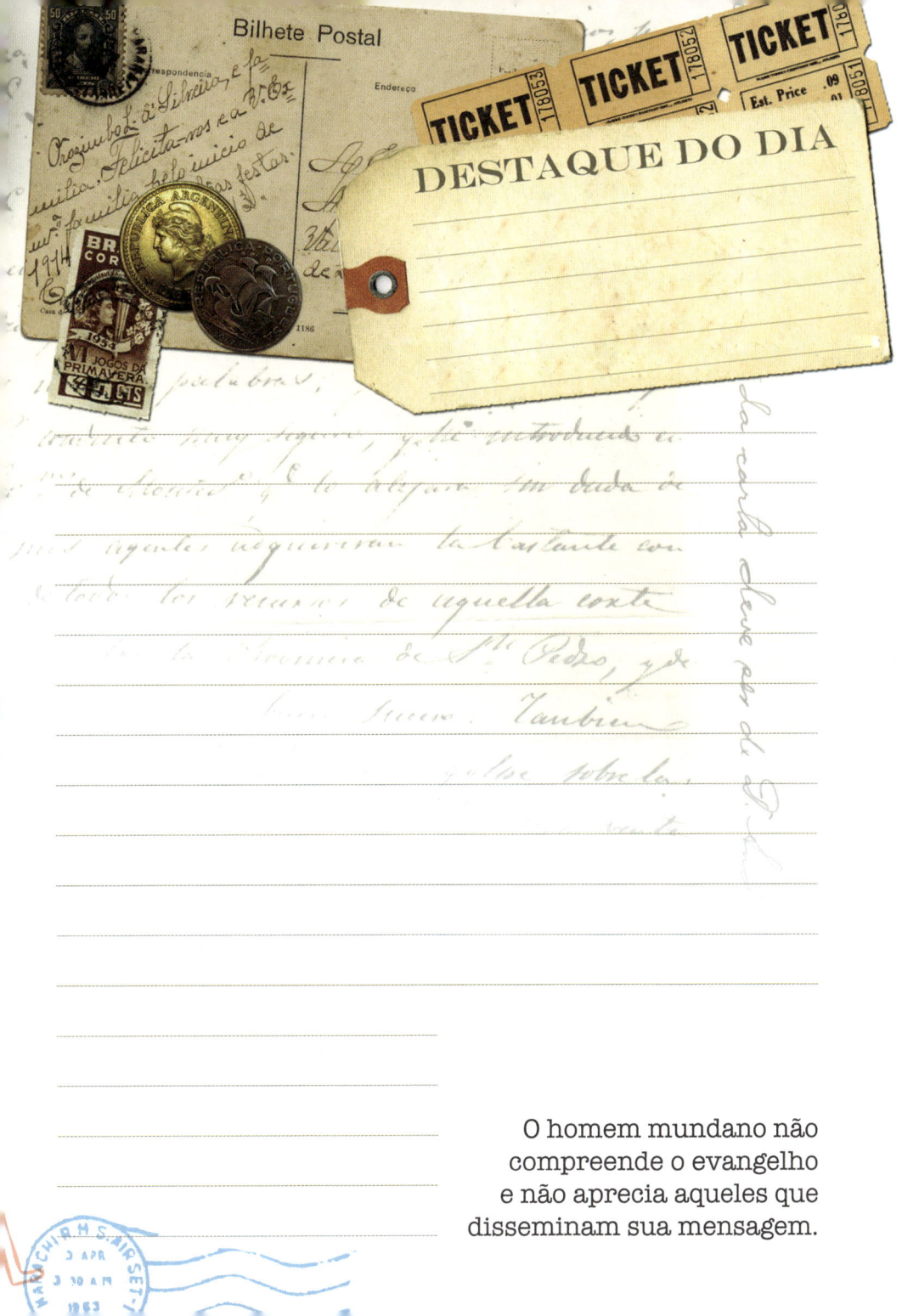

DESTAQUE DO DIA

O homem mundano não compreende o evangelho e não aprecia aqueles que disseminam sua mensagem.

Quando a influência doce e preciosa do evangelho chega ao coração, o pecado é vencido e subjugado e a alma é purificada.

DESTAQUE DO DIA

A Lei não remove o pecado, só torna pior o nosso sentimento de culpa.

A salvação não é rápida e fácil, pois é o profundo trabalho de Deus no coração para trazer o pecador à luz.

DESTAQUE DO DIA

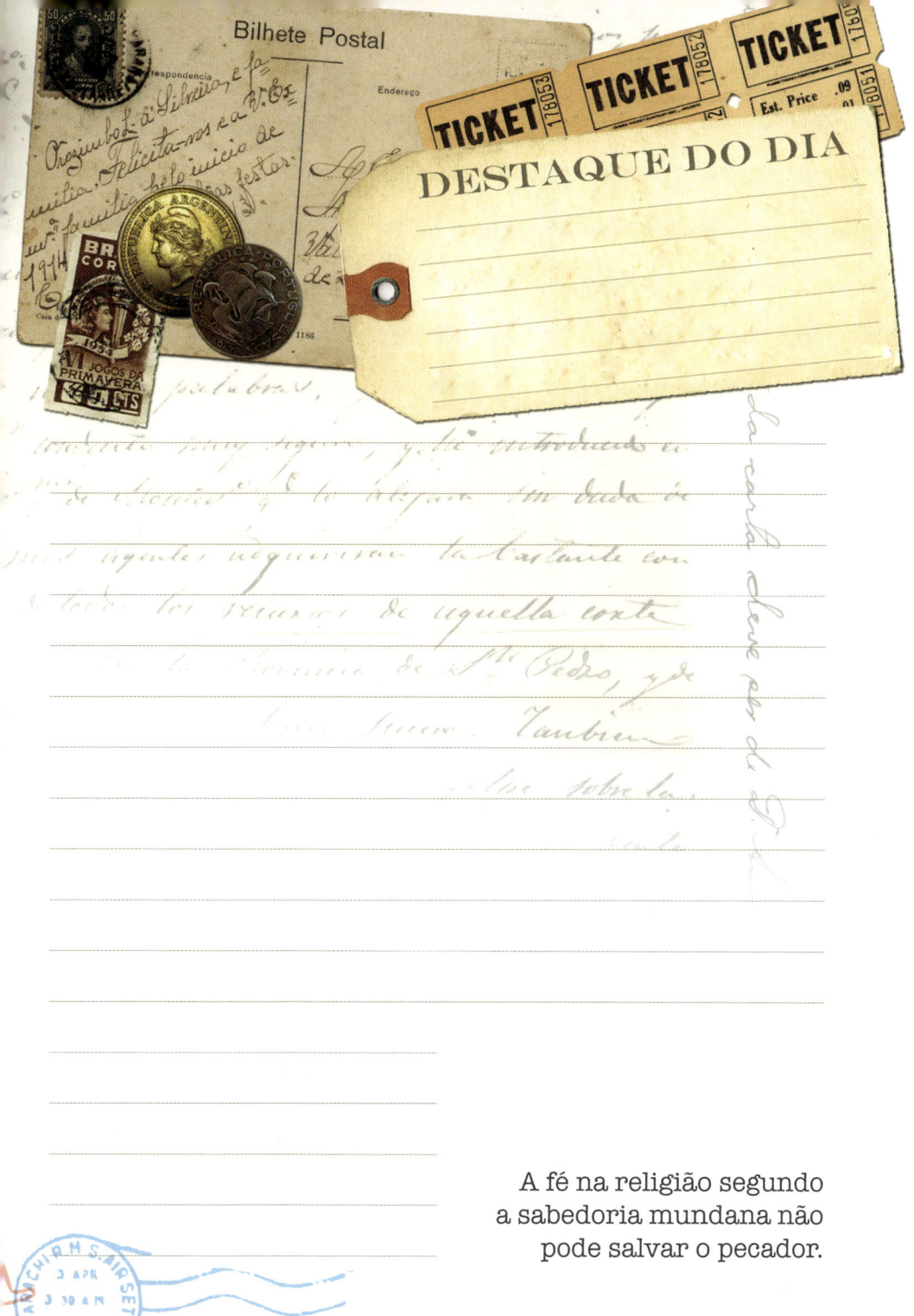

DESTAQUE DO DIA

A fé na religião segundo a sabedoria mundana não pode salvar o pecador.

A Lei jamais pode conceder vida, ela pode apenar revelar o pecado, mas não removê-lo.

DESTAQUE DO DIA

Você não pode ser justificado pelas obras da lei, pois esta não pode livrar nenhum homem de seu fardo.

Justificação é o ato de Deus pelo qual graciosamente Ele declara justo todos os que confiam em Jesus Cristo. Tem relação com a posição diante de Deus.

DESTAQUE DO DIA

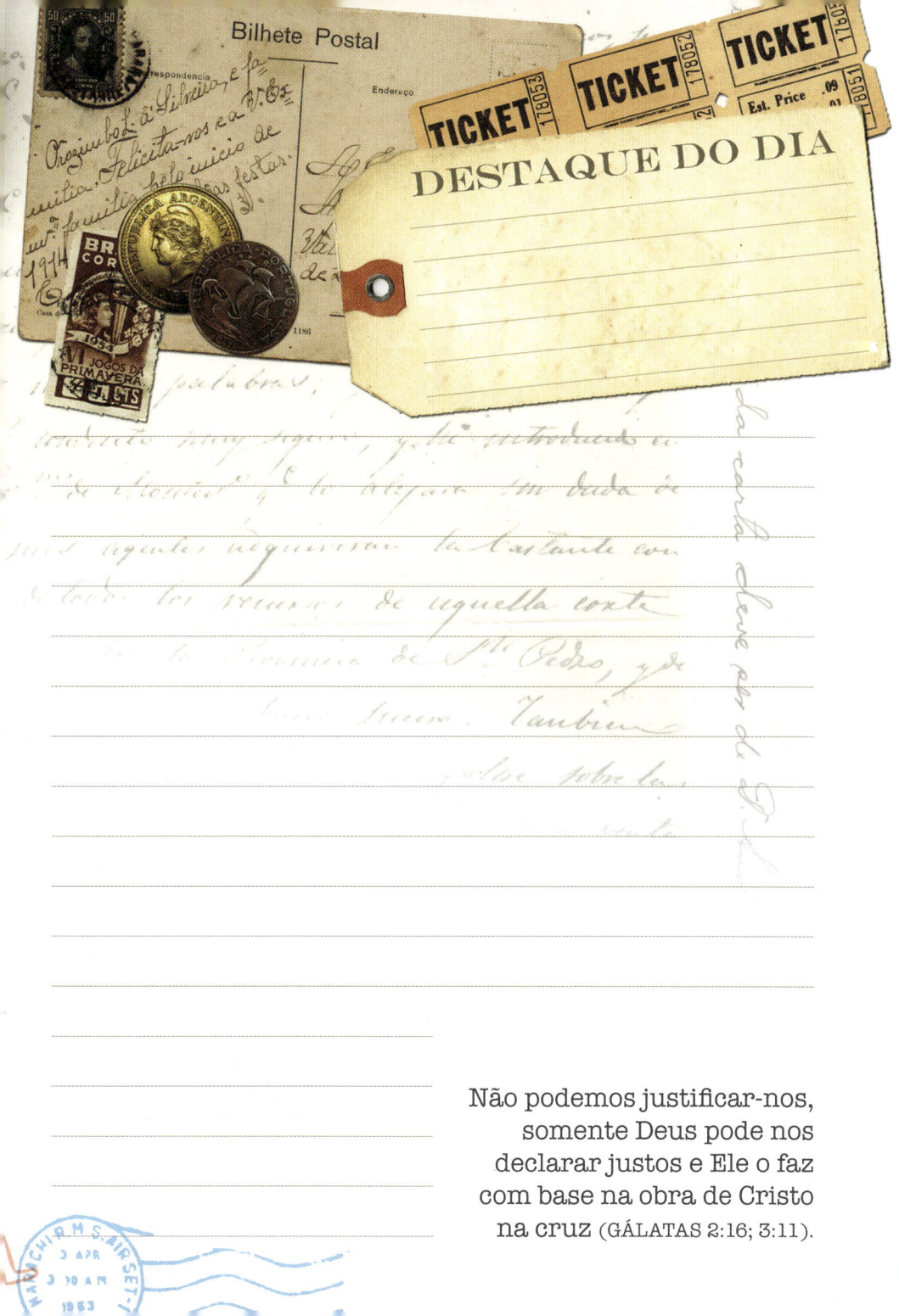

DESTAQUE DO DIA

Não podemos justificar-nos, somente Deus pode nos declarar justos e Ele o faz com base na obra de Cristo na cruz (GÁLATAS 2:16; 3:11).

O evangelho é como a água
que limpa a sujeira do pecado.

DESTAQUE DO DIA

Santificado significa literalmente "separado para uso exclusivo de Deus".

"...não atentando nós nas coisas que se veem, mas nas que se não veem; porque as que se veem são temporais, e as que se não veem são eternas"
(2 CORÍNTIOS 4:18).

DESTAQUE DO DIA

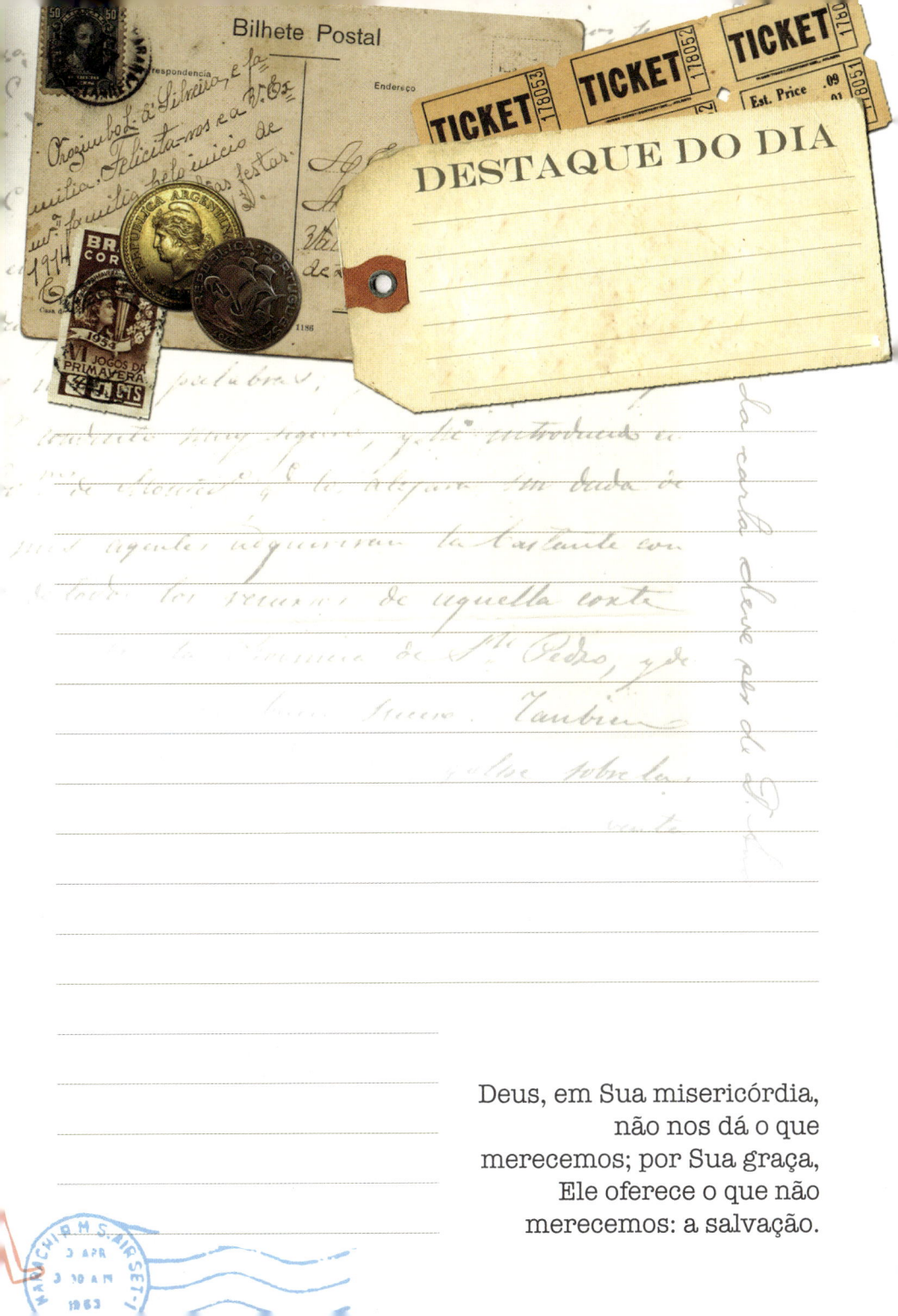

Deus, em Sua misericórdia, não nos dá o que merecemos; por Sua graça, Ele oferece o que não merecemos: a salvação.

É Cristo, que continuamente, com o óleo da Sua graça, mantém a obra iniciada no coração.

DESTAQUE DO DIA

Você também sempre pode distinguir o caminho certo: ele é sempre reto e estreito.

DESTAQUE DO DIA

"Lâmpada para meus pés é a tua palavra e, luz para o meu caminho" **(SALMO 119:105)**.

DESTAQUE DO DIA

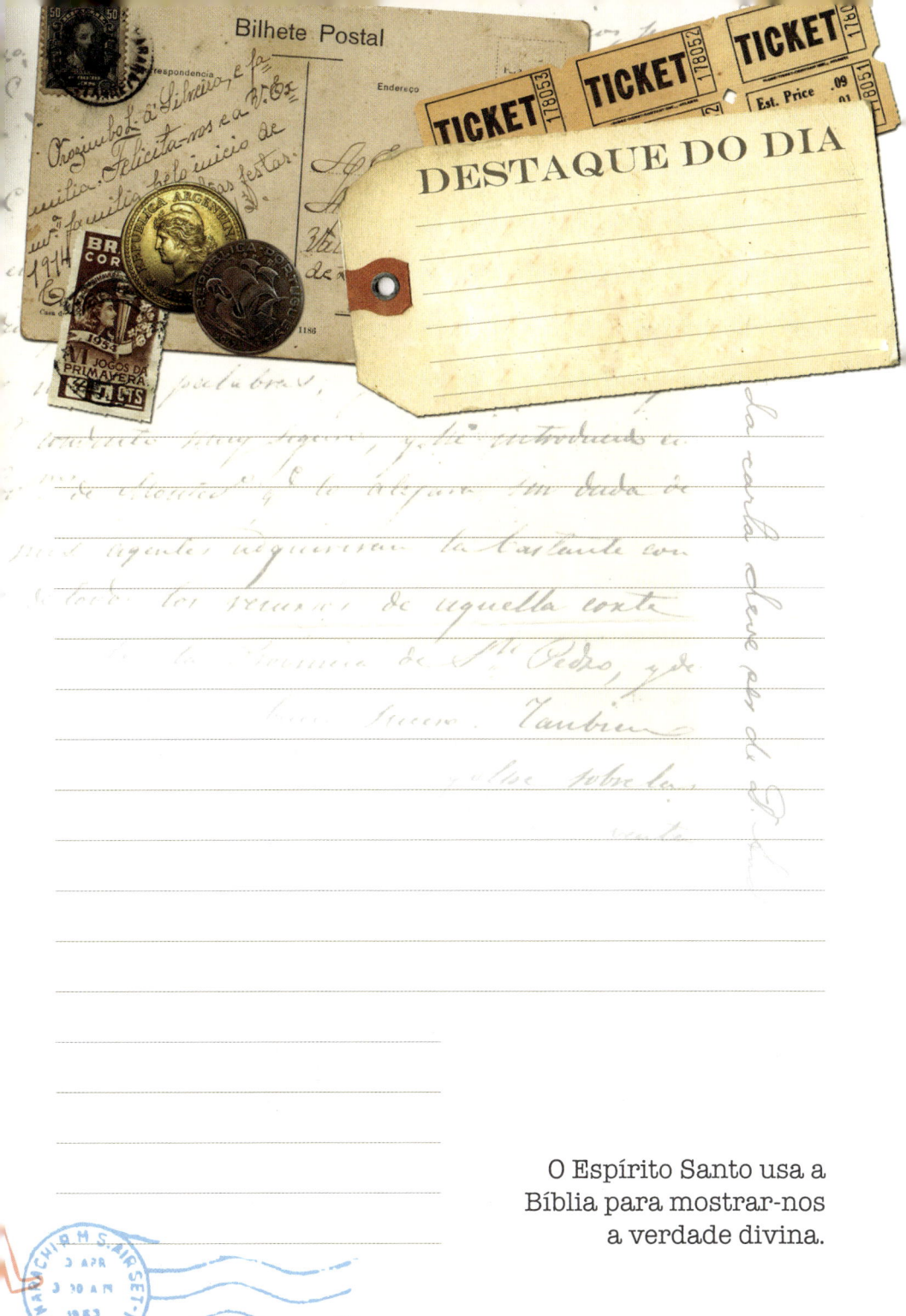

DESTAQUE DO DIA

O Espírito Santo usa a
Bíblia para mostrar-nos
a verdade divina.

Ficou parado durante algum tempo para olhar e maravilhar-se com a visão da cruz e o alívio que ela lhe proporcionara.

DESTAQUE DO DIA

DESTAQUE DO DIA

Quando o pecador confia em Cristo, ele é justificado (declarado justo por Deus), e ele deve ser santificado (revelar essa justiça na vida diária).

A salvação não só remove a velha natureza pecaminosa, mas, nos dá uma nova natureza. Esta nova natureza nos permite vencer o pecado e obedecer a Deus.

DESTAQUE DO DIA

DESTAQUE DO DIA

Cristão não recebe tudo aqui e agora, ele deve exercitar a paciência e esperar as bênçãos prometidas (TIAGO 5:8).

Se um homem está com Deus, também está bem consigo, com os outros e tem uma boa consciência que não pode perturbá-lo.

DESTAQUE DO DIA

Percebo que o melhor não é cobiçar as coisas que são do presente, mas esperar pelas vindouras.

DESTAQUE DO DIA

Embora a salvação seja pela graça, as recompensas são dadas apenas para os fiéis, e fidelidade envolve uma batalha.

DESTAQUE DO DIA

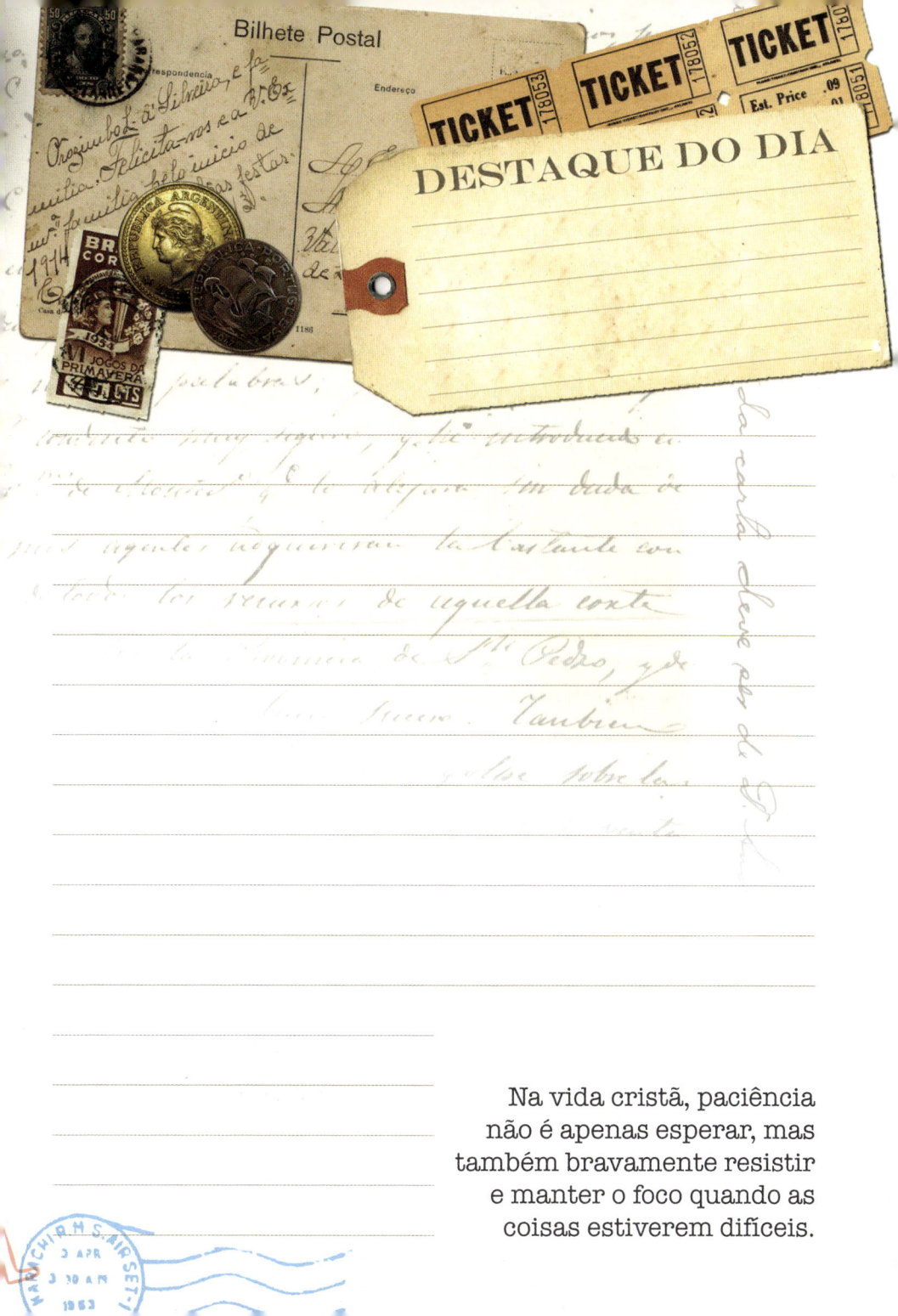

Na vida cristã, paciência não é apenas esperar, mas também bravamente resistir e manter o foco quando as coisas estiverem difíceis.

O verdadeiro arrependimento resulta em um ato da vontade que leva o pecador a abandonar o pecado e confiar em Cristo.

DESTAQUE DO DIA

DESTAQUE DO DIA

Ouvi o grande som de uma trombeta e vi um homem sentado na nuvem, acompanhado de seres celestiais; todos estavam iluminados.

O Senhor me reconhecerá, pois tenho
Seu manto nas costas, que me foi dado
gratuitamente enquanto Ele retirava meus trapos.

DESTAQUE DO DIA

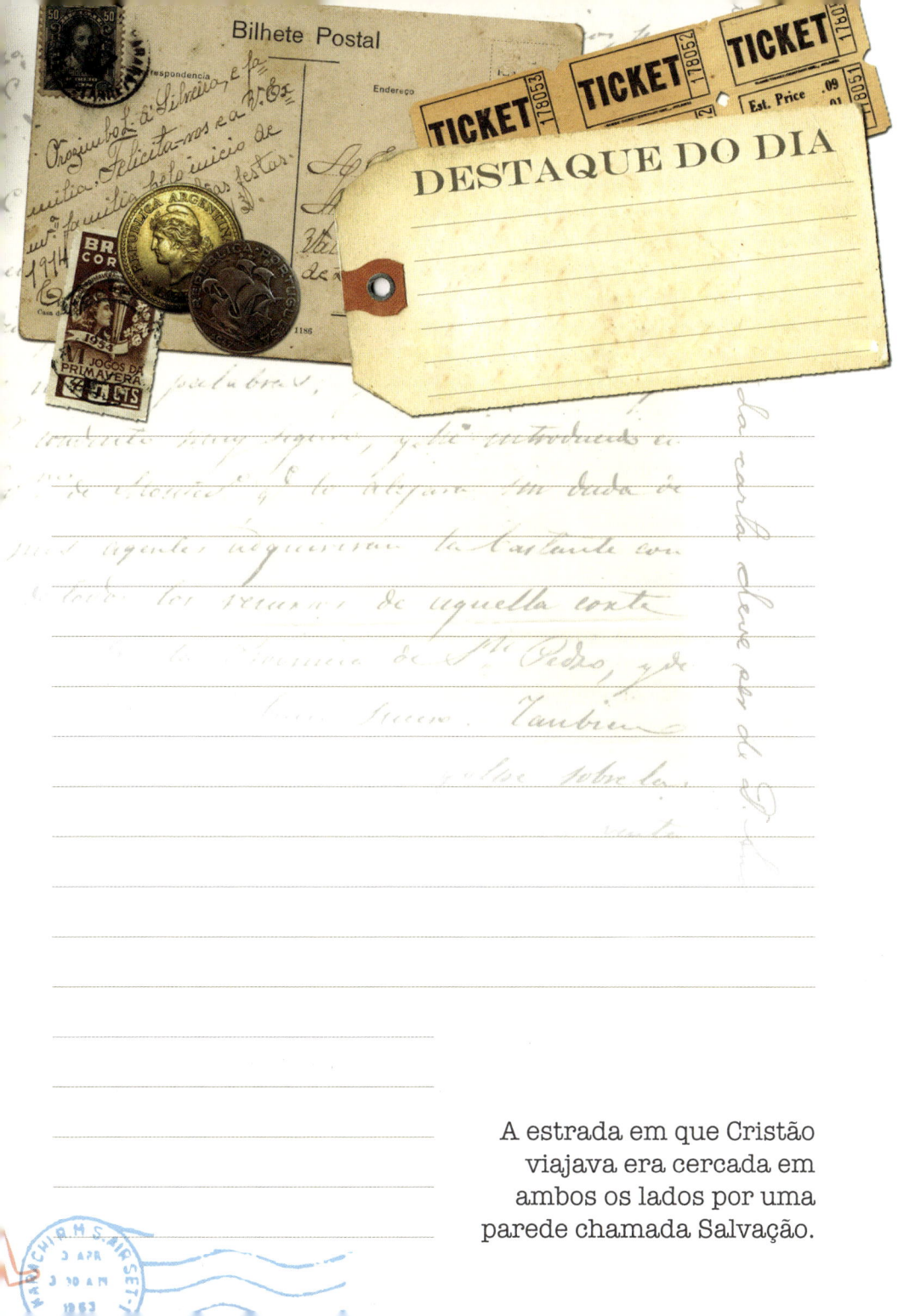

DESTAQUE DO DIA

A estrada em que Cristão viajava era cercada em ambos os lados por uma parede chamada Salvação.

A morte e ressurreição de Cristo
é o coração do evangelho cristão
(1 CORÍNTIOS 15:3,4).

DESTAQUE DO DIA

Cristão se aproximou da cruz, a carga soltou-se dos seus ombros e continuou caindo até chegar à entrada do sepulcro, onde foi depositada completamente.

DESTAQUE DO DIA

O paradoxo da fé cristã: Cristo morre para que tenhamos vida. Pelo sofrimento de Cristo temos alegria e descanso.

DESTAQUE DO DIA

Bilhete Postal

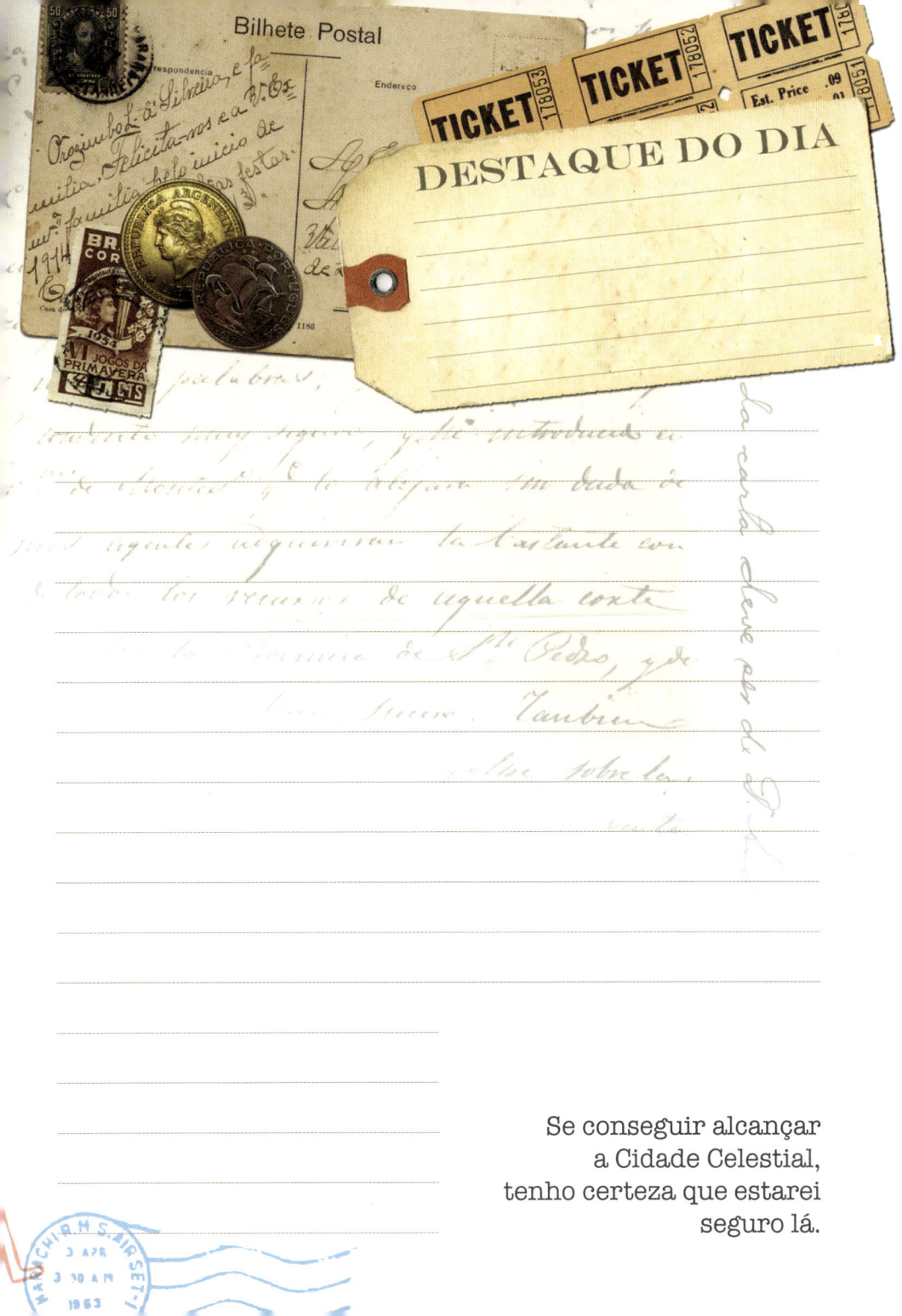

DESTAQUE DO DIA

Se conseguir alcançar
a Cidade Celestial,
tenho certeza que estarei
seguro lá.

Ora, quero ver Aquele que foi morto na cruz, ressuscitado e ali espero livrar-me de todas aquelas coisas que até hoje são um incômodo para mim.

DESTAQUE DO DIA

Ela trouxe paz por meio do sangue da Cruz, pelo qual fui criado para ver constantemente que Deus e meu coração eram amigos por meio do Seu sangue.

Quero estar onde viverei para sempre e na companhia daqueles que clamam continuamente: "Santo, Santo, Santo!"

DESTAQUE DO DIA

DESTAQUE DO DIA

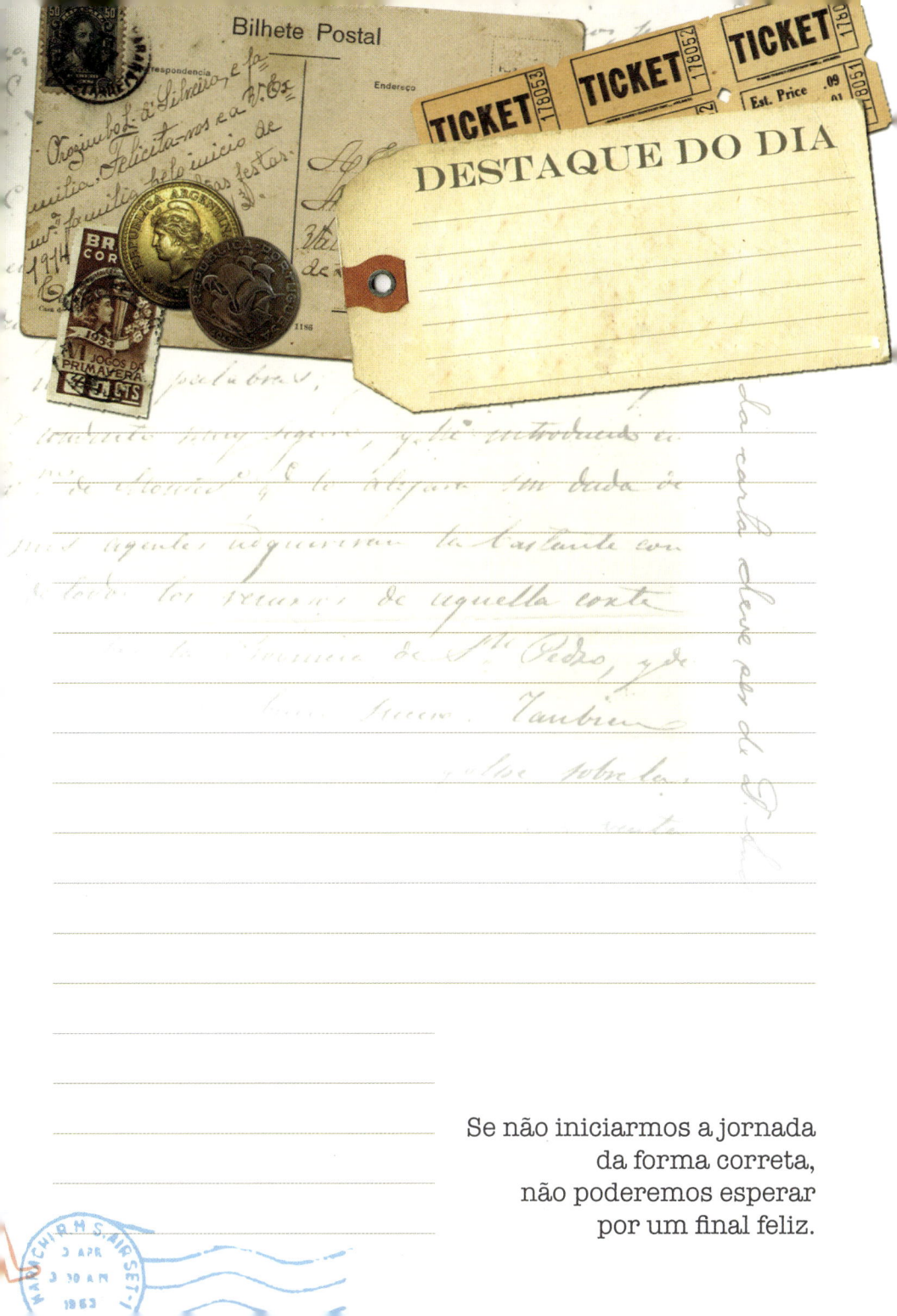

Se não iniciarmos a jornada
da forma correta,
não poderemos esperar
por um final feliz.

Há uma diferença entre a justiça divina e a simples moralidade que é religiosa.

DESTAQUE DO DIA

DESTAQUE DO DIA

Tempos de refrigério espiritual são para nos preparar para os desafios da vida, não para nos conduzir à letargia.

O pecado de Cristão foi perdoado porque o confessou a Deus (1 JOÃO 1:9).

DESTAQUE DO DIA

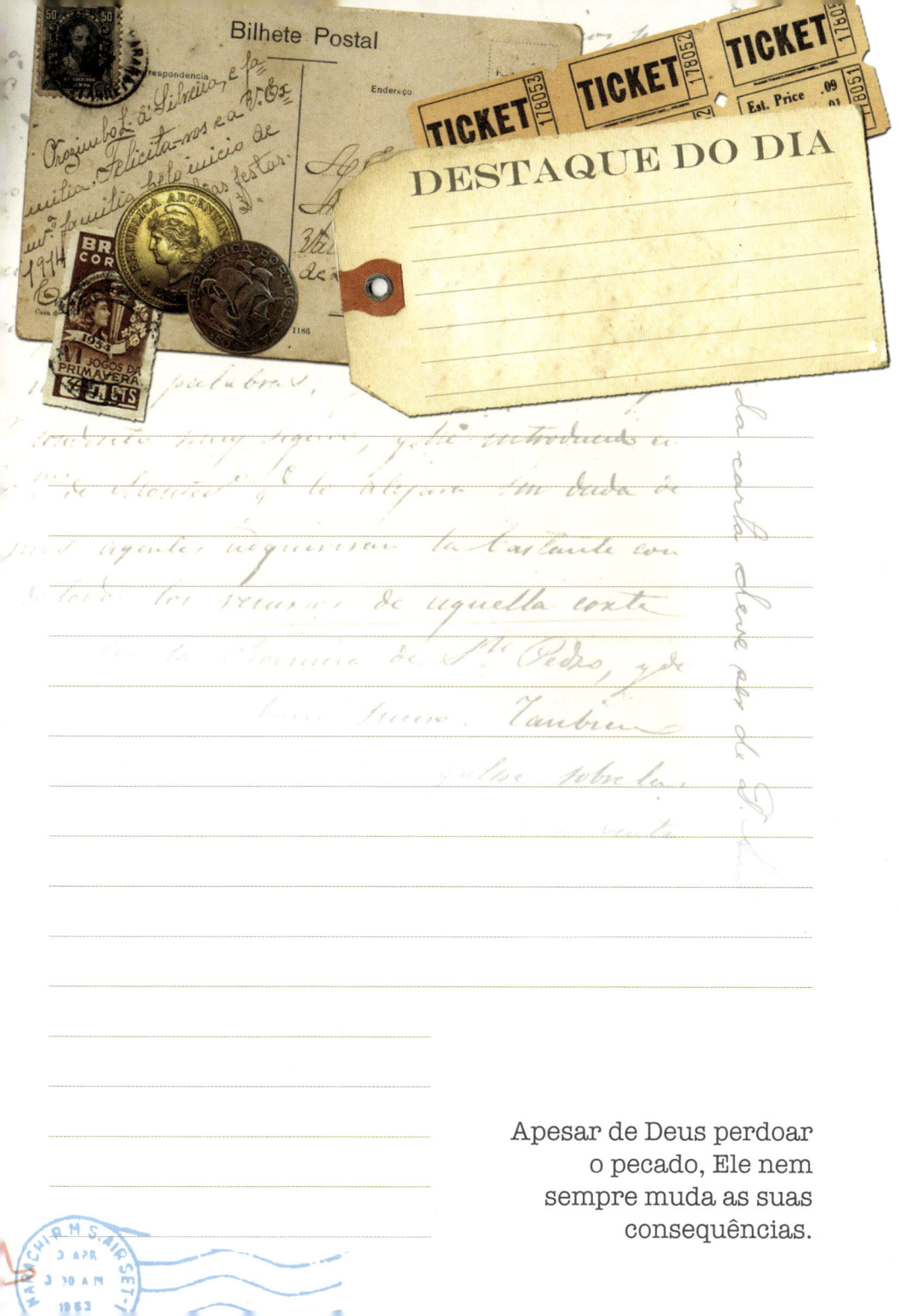

DESTAQUE DO DIA

Apesar de Deus perdoar o pecado, Ele nem sempre muda as suas consequências.

Eles o levaram para a sala de armas, onde lhe apresentaram todos os equipamentos que seu Senhor fornecia aos peregrinos.

DESTAQUE DO DIA

Salvação não significa que
Cristão seja perfeito, mas que foi
aceito por Cristo.

DESTAQUE DO DIA

Existem muitas áreas de fraqueza e pecado que precisam ser superadas.

DESTAQUE DO DIA

DESTAQUE DO DIA

Eles confirmaram que tinham ouvido de Seus próprios lábios que Ele amava os pobres peregrinos, e amor igual não poderia ser encontrado.

Ainda que eu ande pelo vale da sombra da morte, não temerei mal nenhum, porque tu estás comigo (SALMO 23:4).

DESTAQUE DO DIA

O homem pobre que ama a Cristo
é mais rico do que o homem mais
importante do mundo.

Quando amadureci fiz aquilo que as pessoas ponderadas fazem: procurei meios para crescimento pessoal.

DESTAQUE DO DIA

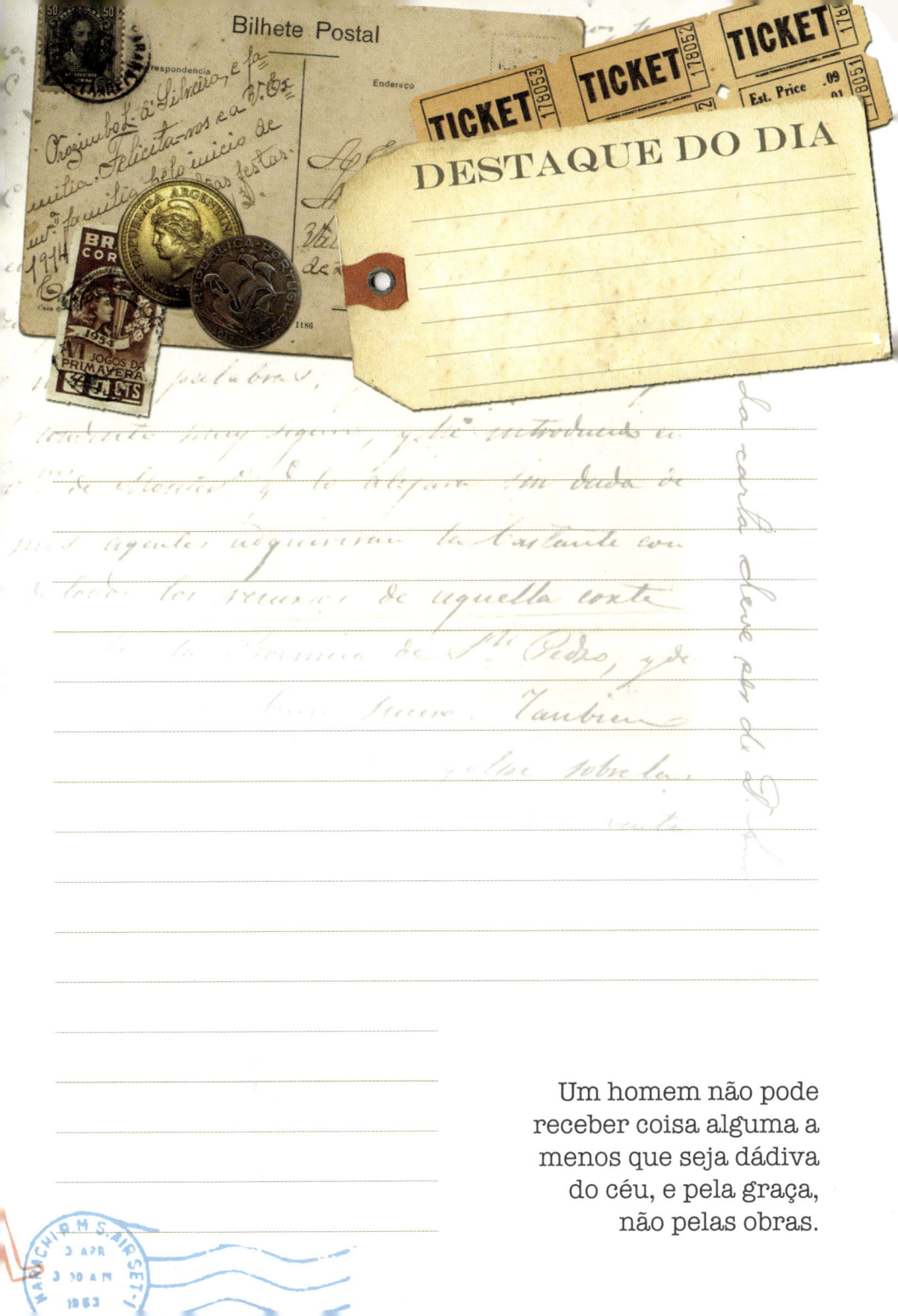

DESTAQUE DO DIA

Um homem não pode receber coisa alguma a menos que seja dádiva do céu, e pela graça, não pelas obras.

Eles dizem e não fazem, porém, "o reino de Deus não consiste em palavra, mas em poder" (1 CORÍNTIOS 4:20).

DESTAQUE DO DIA

DESTAQUE DO DIA

Depois de revigorado, começou a jornada, mais uma vez, com a sua espada desembainhada, dizendo: "Outros inimigos podem me atacar."

As coisas sem vida não contêm a verdadeira fé e a graça do evangelho e, consequentemente, essas coisas nunca entrarão no reino dos céus.

DESTAQUE DO DIA

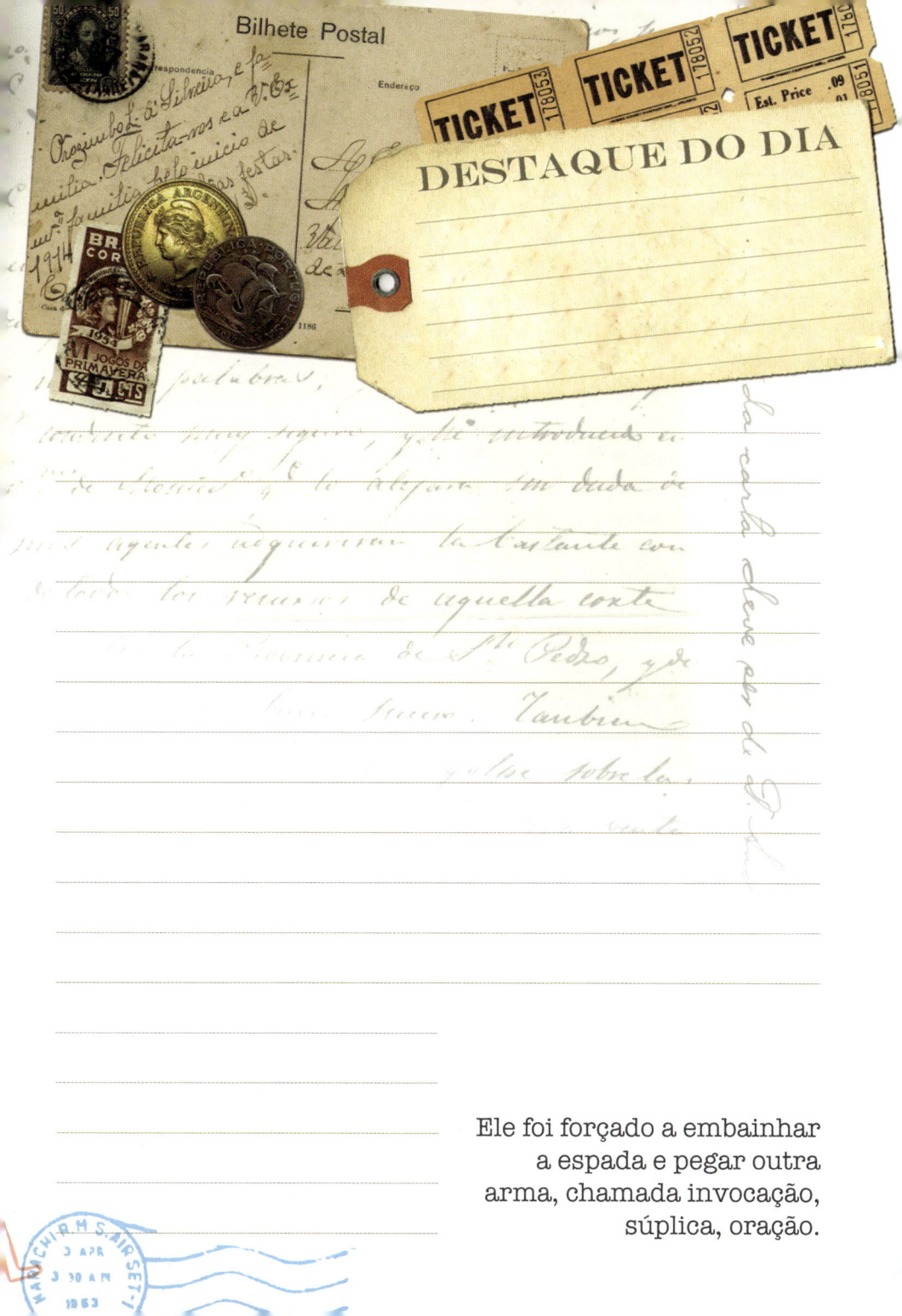

DESTAQUE DO DIA

Ele foi forçado a embainhar a espada e pegar outra arma, chamada invocação, súplica, oração.

Lembrou-se de ter vencido diversos desafios e que seria mais perigoso voltar do que seguir avante, por isso, decidiu continuar.

DESTAQUE DO DIA

Cristo, por Sua morte obediente na cruz reverteu as consequências do pecado de Adão e trouxe a salvação (ROMANOS 5:6-21).

DESTAQUE DO DIA

Cristão sentiu-se profundamente impactado por ser liberto de todos os perigos de sua solitária caminhada.

DESTAQUE DO DIA

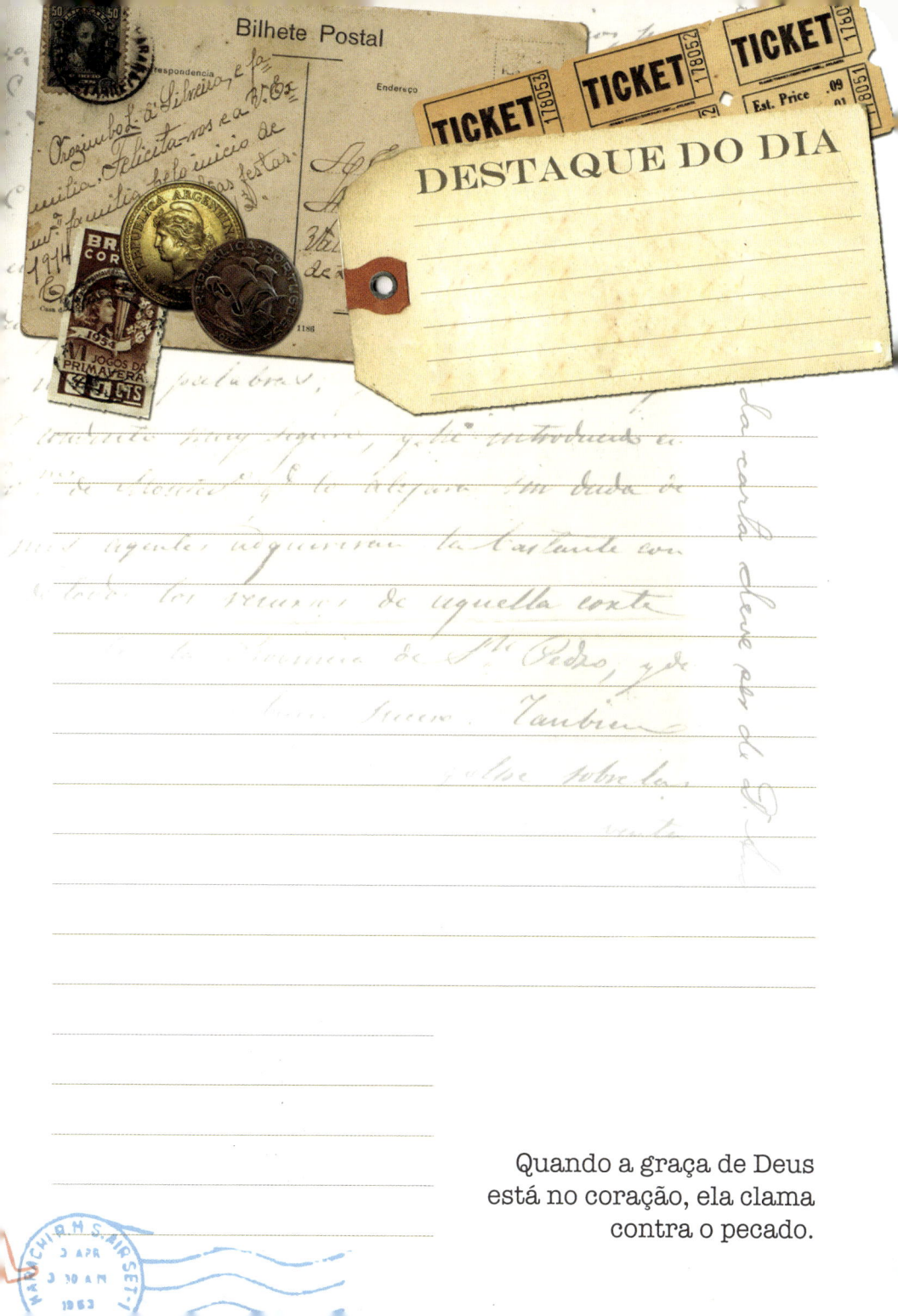

DESTAQUE DO DIA

Quando a graça de Deus está no coração, ela clama contra o pecado.

Um homem pode clamar contra o pecado, como regra geral, mas não pode abominá-lo a menos que sinta ódio dele.

DESTAQUE DO DIA

A Lei não pode conceder
misericórdia, só pode julgar.
Cristo é o único que pode
conceder misericórdia e satisfazer
as justas exigências da Lei.

DESTAQUE DO DIA

O grande conhecimento dos mistérios do evangelho podem ser alcançados e, ainda assim, pode não haver obra da graça na alma.

DESTAQUE DO DIA

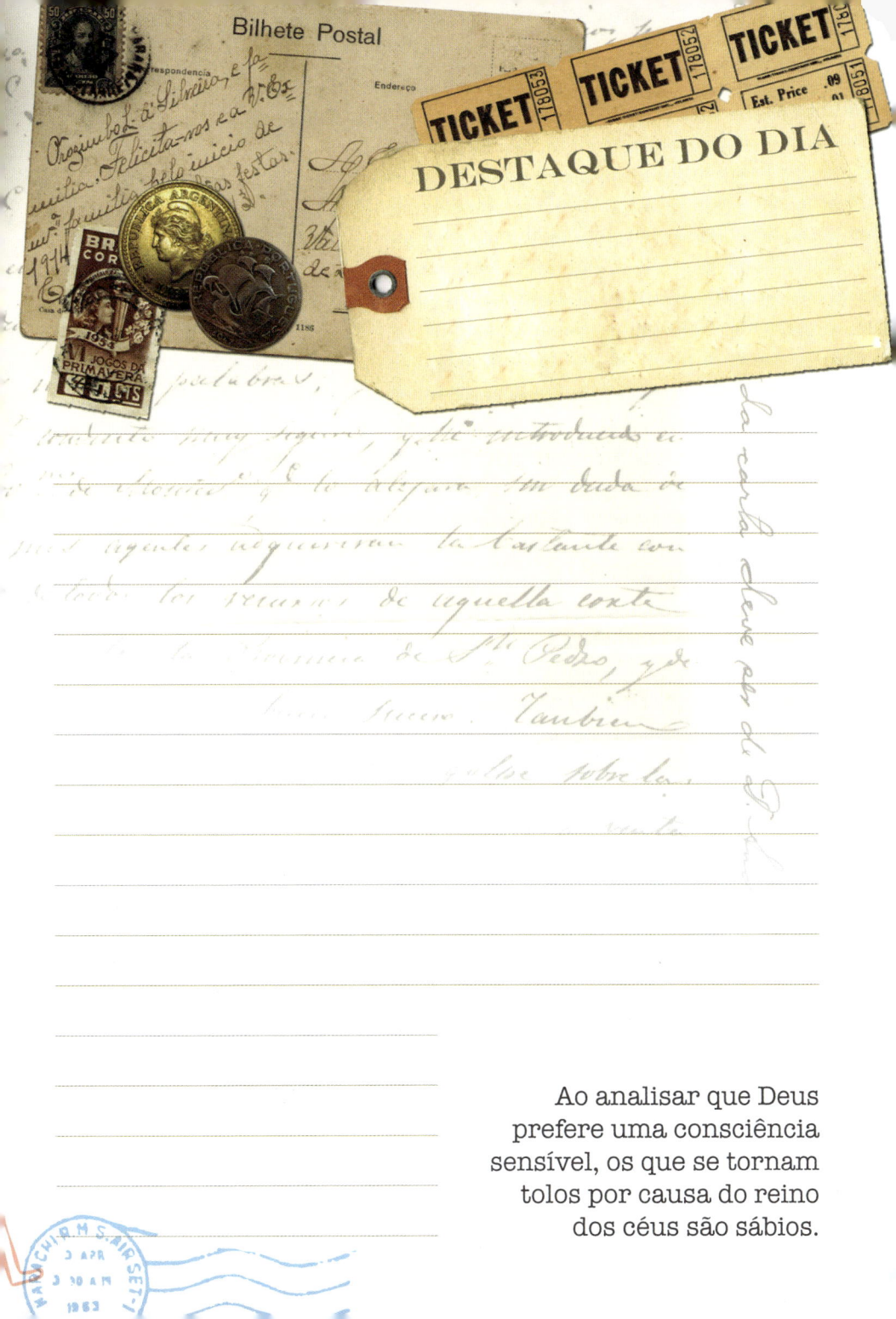

DESTAQUE DO DIA

Ao analisar que Deus prefere uma consciência sensível, os que se tornam tolos por causa do reino dos céus são sábios.

Um homem pode aprender a necessidade do novo nascimento, a insuficiência das nossas obras, a necessidade da justiça de Cristo.

DESTAQUE DO DIA

Um homem pode aprender o que é arrepender-se, ter fé, orar, sofrer ou talvez coisas semelhantes.

DESTAQUE DO DIA

O homem pode aprender a refutar falsas opiniões para confirmar a verdade e instruir os ignorantes.

DESTAQUE DO DIA

DESTAQUE DO DIA

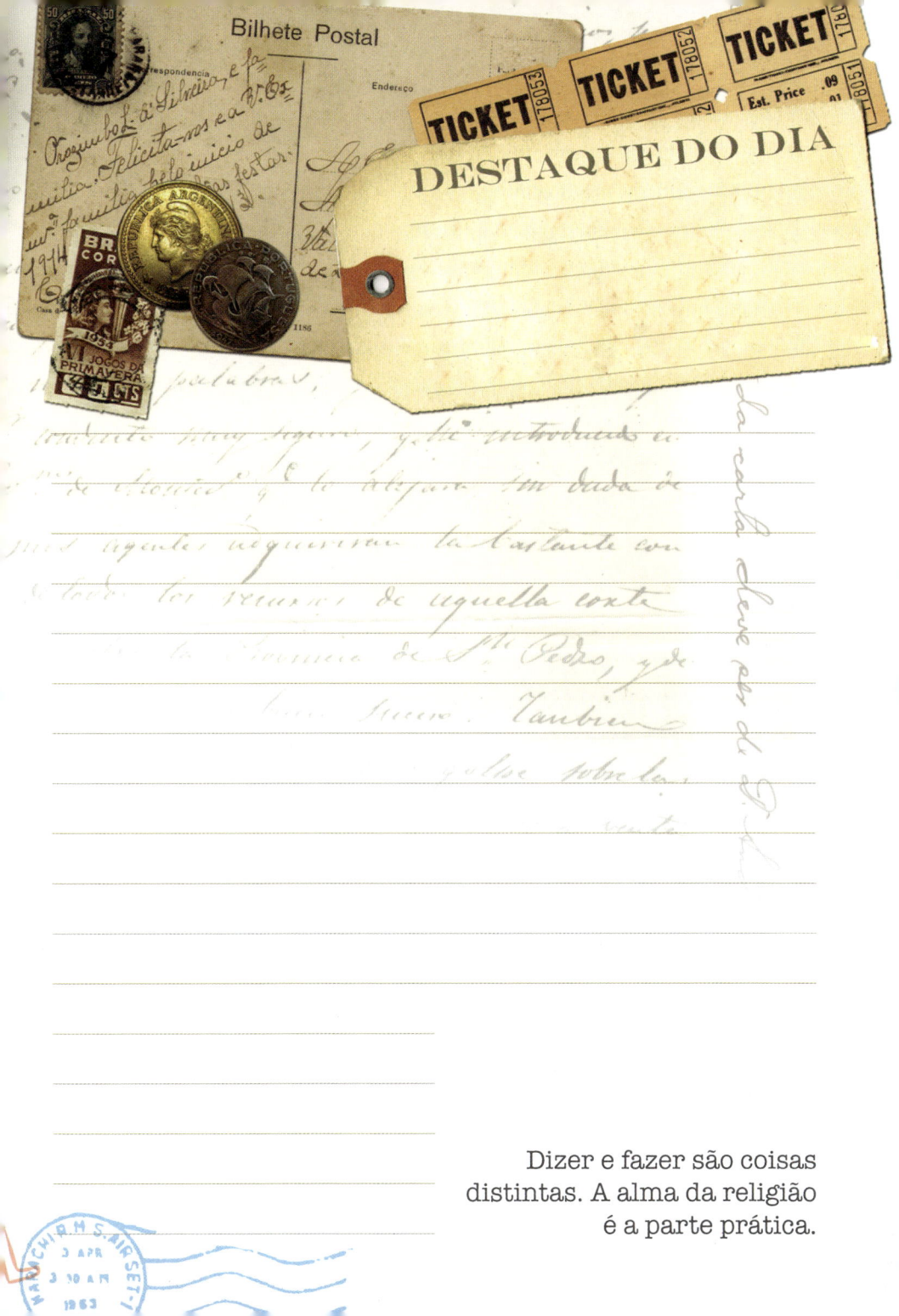

Dizer e fazer são coisas distintas. A alma da religião é a parte prática.

"A religião pura e sem mácula [...] é esta: visitar os órfãos e as viúvas nas suas tribulações e a si mesmo guardar-se incontaminado do mundo"
(TIAGO 1:27).

DESTAQUE DO DIA

Ouvir nada mais é do que a semeadura da semente; falar não prova que o coração e a vida frutificaram.

A pergunta não será: "Você acredita?", mas "você praticou as verdades ou apenas falou sobre elas?"

DESTAQUE DO DIA

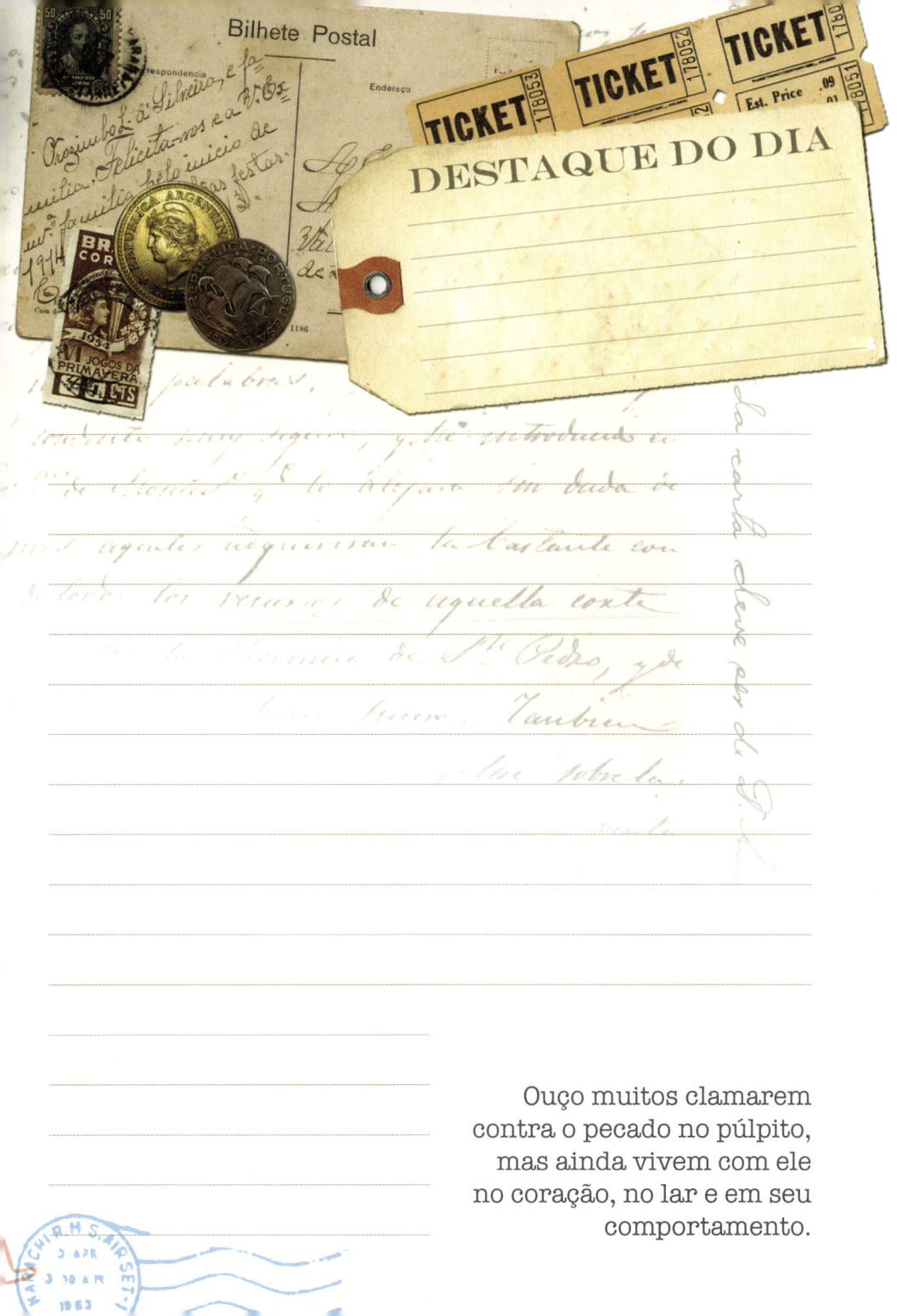

DESTAQUE DO DIA

Ouço muitos clamarem contra o pecado no púlpito, mas ainda vivem com ele no coração, no lar e em seu comportamento.

A obra da graça na alma é evidente tanto para a pessoa que a possui como para as pessoas que estão ao seu redor.

DESTAQUE DO DIA

Aquele que a possui (obra da graça) tem convicção do pecado, especialmente da corrupção da sua natureza e o pecado da incredulidade.

DESTAQUE DO DIA

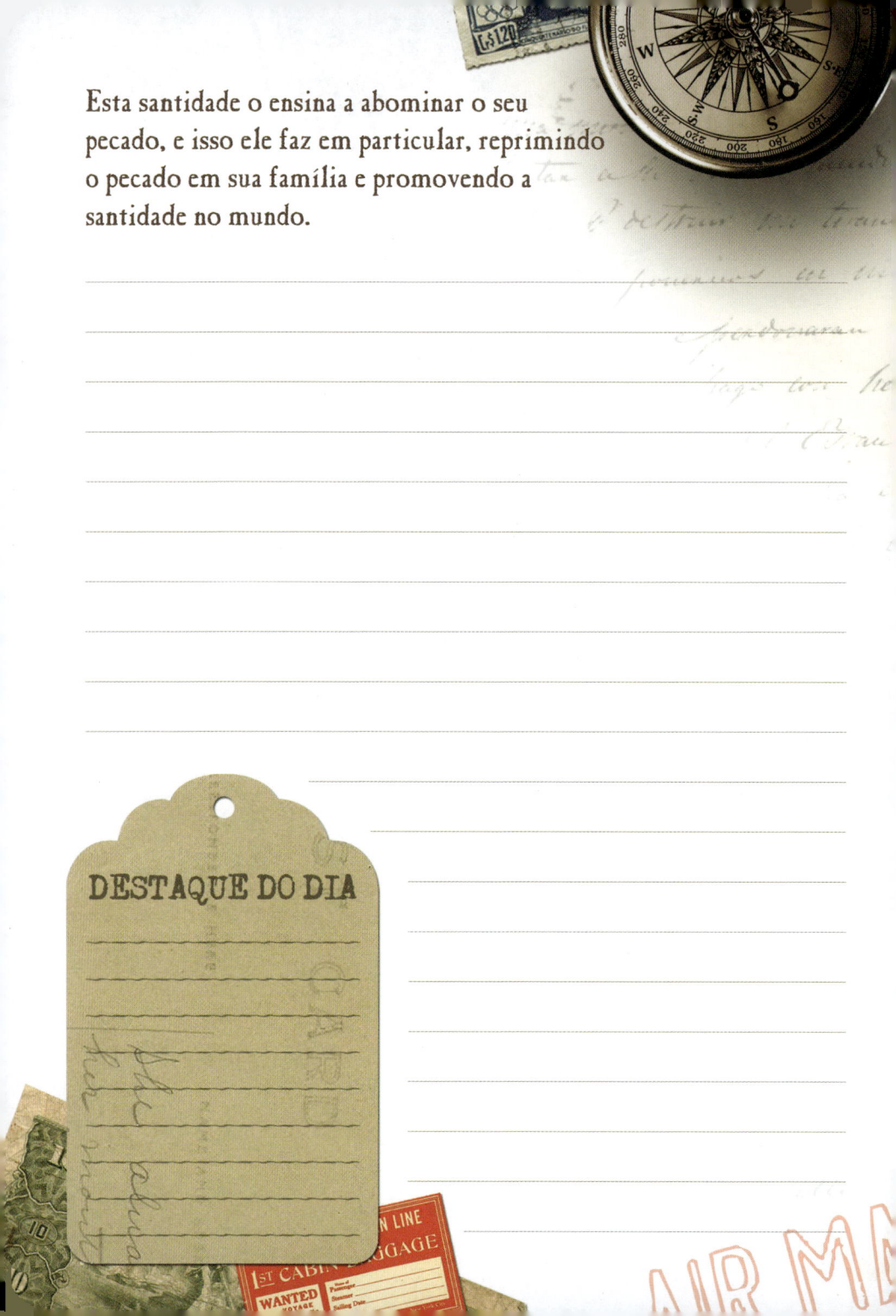

Esta santidade o ensina a abominar o seu pecado, e isso ele faz em particular, reprimindo o pecado em sua família e promovendo a santidade no mundo.

DESTAQUE DO DIA

DESTAQUE DO DIA

Existem dois tipos de conhecimento: o [...] sobre as coisas; e aquele que é acompanhado com a graça da fé e amor, o qual torna o homem desejoso de fazer a vontade de Deus.

Tolos, cuja religião está somente na palavra e tem o comportamento corrupto, confundem o mundo, difamam o cristianismo e entristecem os sinceros.

DESTAQUE DO DIA

Eu semeei e vocês colheram.
O dia está chegando quando o que
plantou e os que colheram se
alegrarão juntos.

DESTAQUE DO DIA

Sua alegria e paz são equivalentes à força ou à fraqueza de sua fé em seu **Salvador**.

DESTAQUE DO DIA

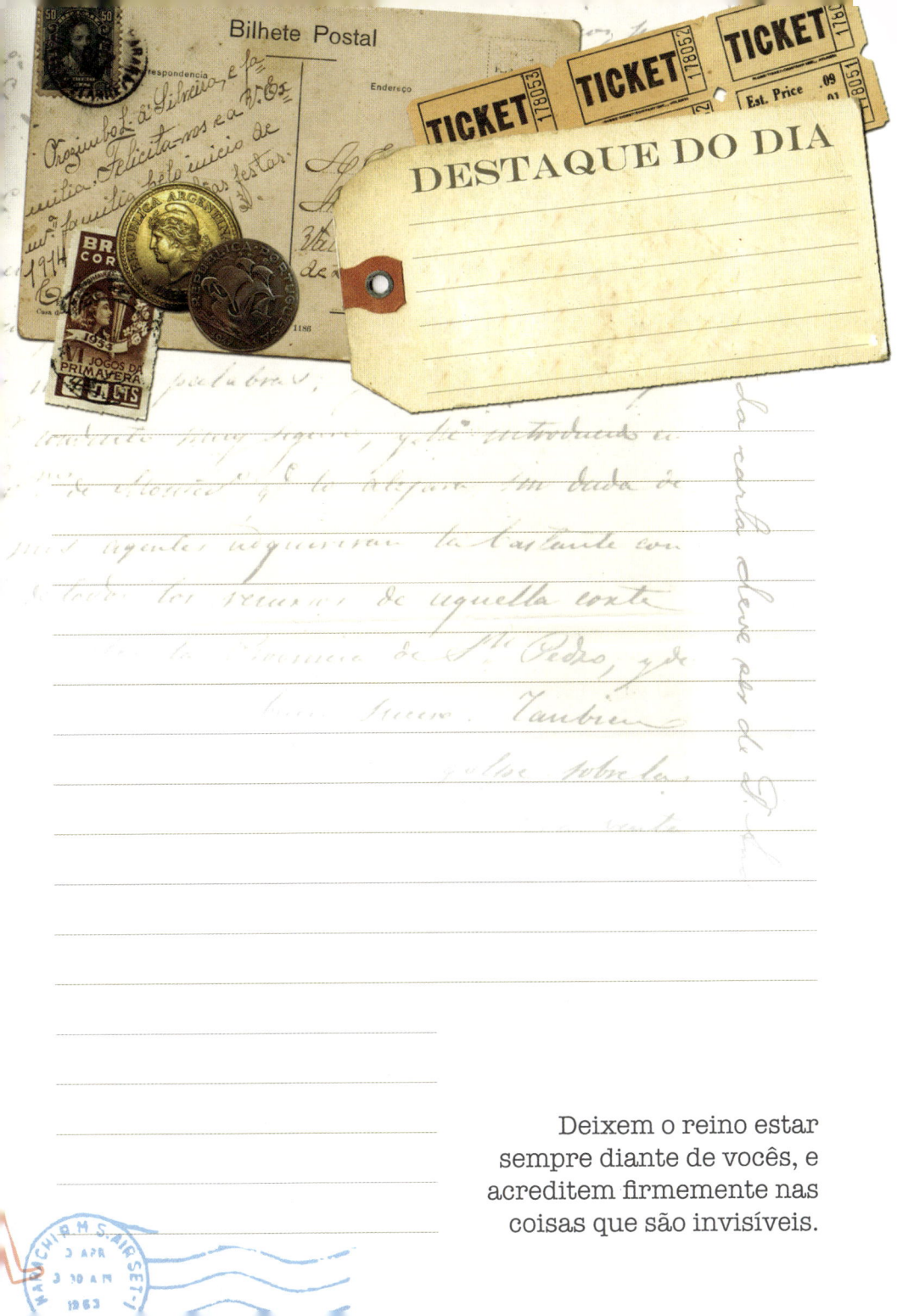

DESTAQUE DO DIA

Deixem o reino estar sempre diante de vocês, e acreditem firmemente nas coisas que são invisíveis.

Atentem para as concupiscências de seu próprio coração, pois ele é enganoso e desesperadamente corrupto; resistam com determinação.

DESTAQUE DO DIA

Meus filhos, vocês já ouviram falar nas palavras do evangelho, de que passarão por muitas tribulações antes de entrar no reino do céu.

DESTAQUE DO DIA

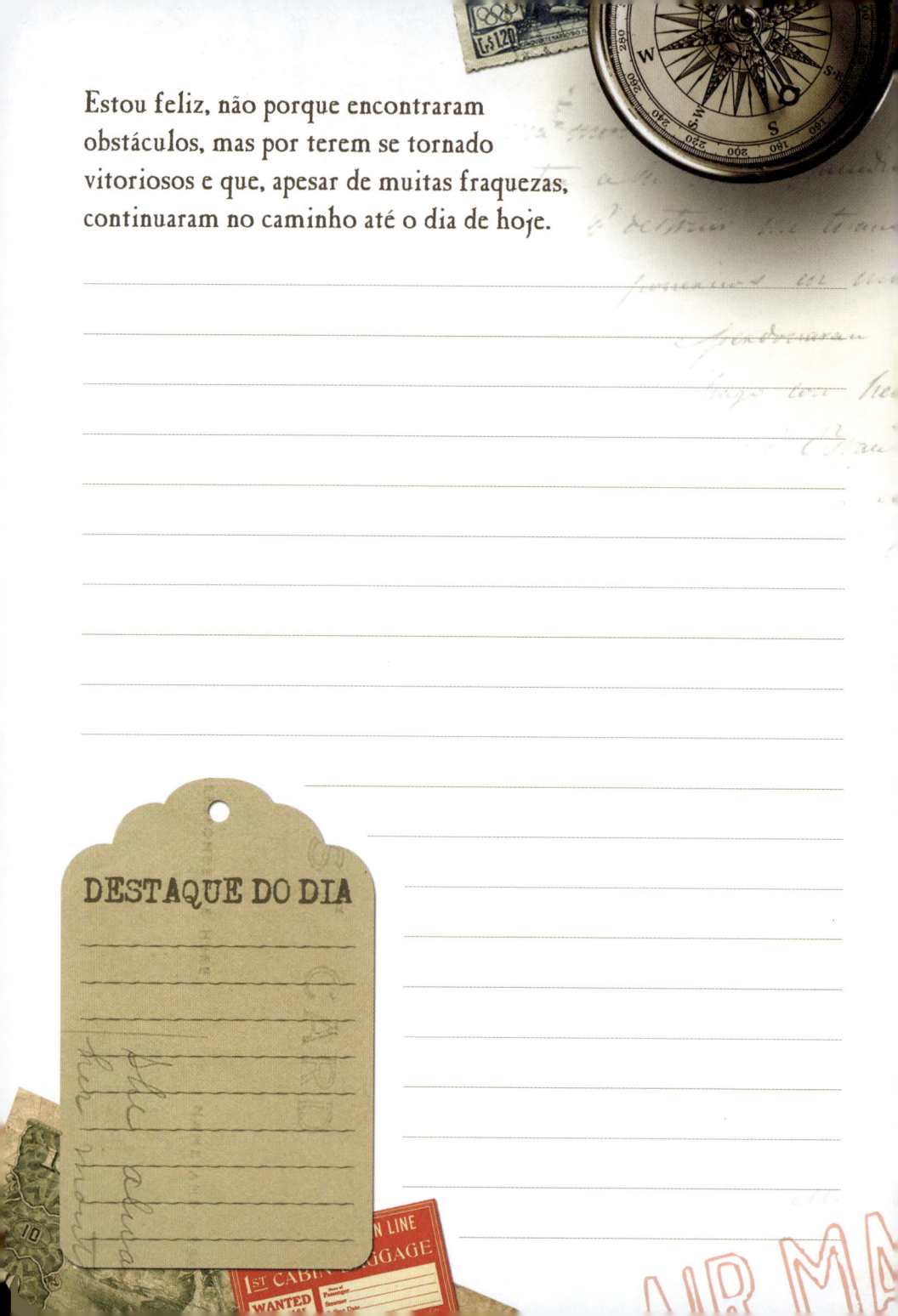

Estou feliz, não porque encontraram obstáculos, mas por terem se tornado vitoriosos e que, apesar de muitas fraquezas, continuaram no caminho até o dia de hoje.

DESTAQUE DO DIA

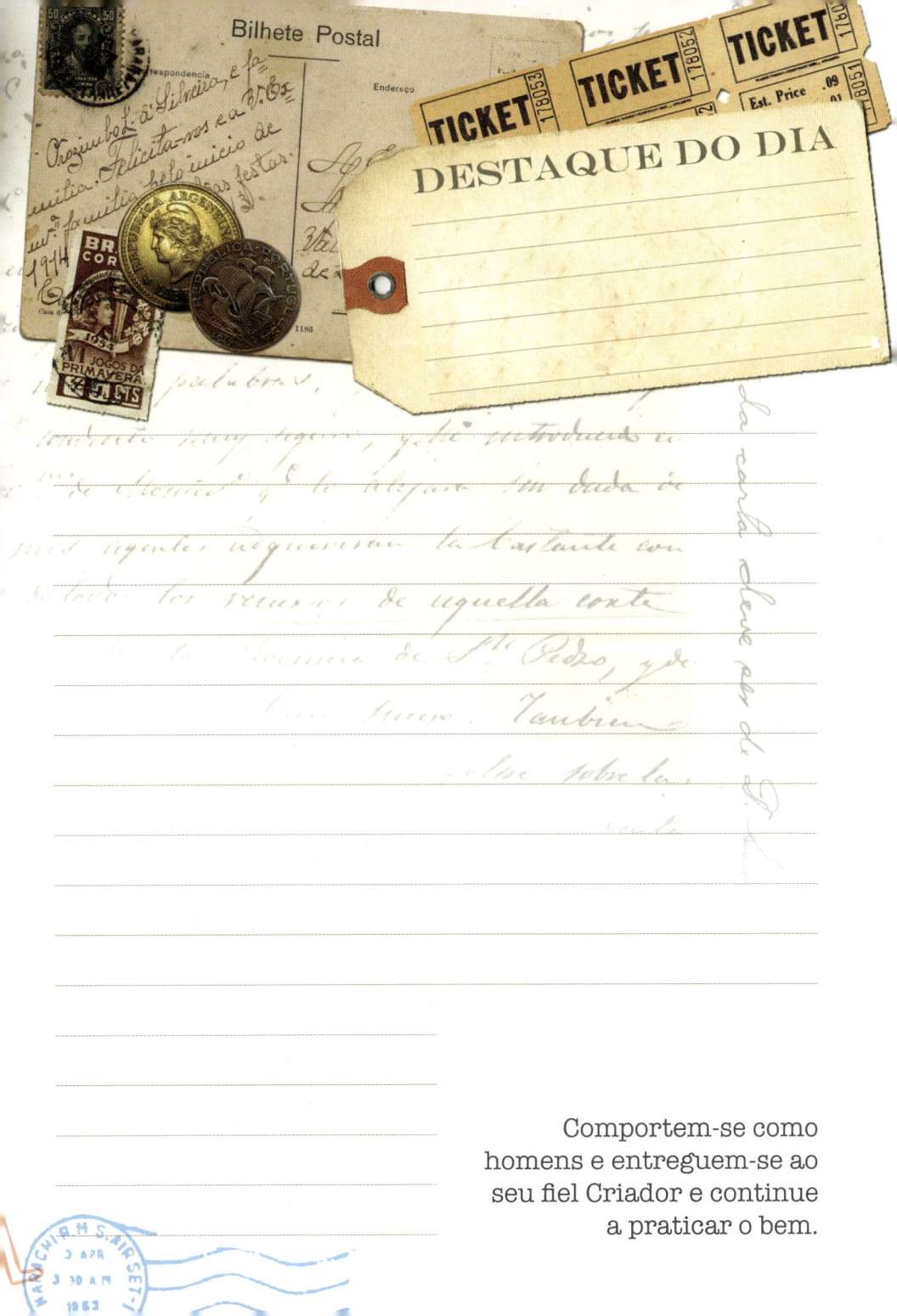

DESTAQUE DO DIA

Comportem-se como homens e entreguem-se ao seu fiel Criador e continue a praticar o bem.

Qualquer coisa que é feita na adoração a Deus e que não esteja em acordo com à revelação Divina provém da fé humana, a qual não traz vida eterna.

DESTAQUE DO DIA

DESTAQUE DO DIA

Jesus recebeu a proposta de obter os reinos e a glória do mundo, mas a recusou. Satanás prometeu torná-lo "senhor da feira", mas Ele obedeceu ao Pai.

A fé Divina é exigida na adoração de Deus; mas não existe fé Divina sem a revelação Divina da vontade de Deus.

DESTAQUE DO DIA

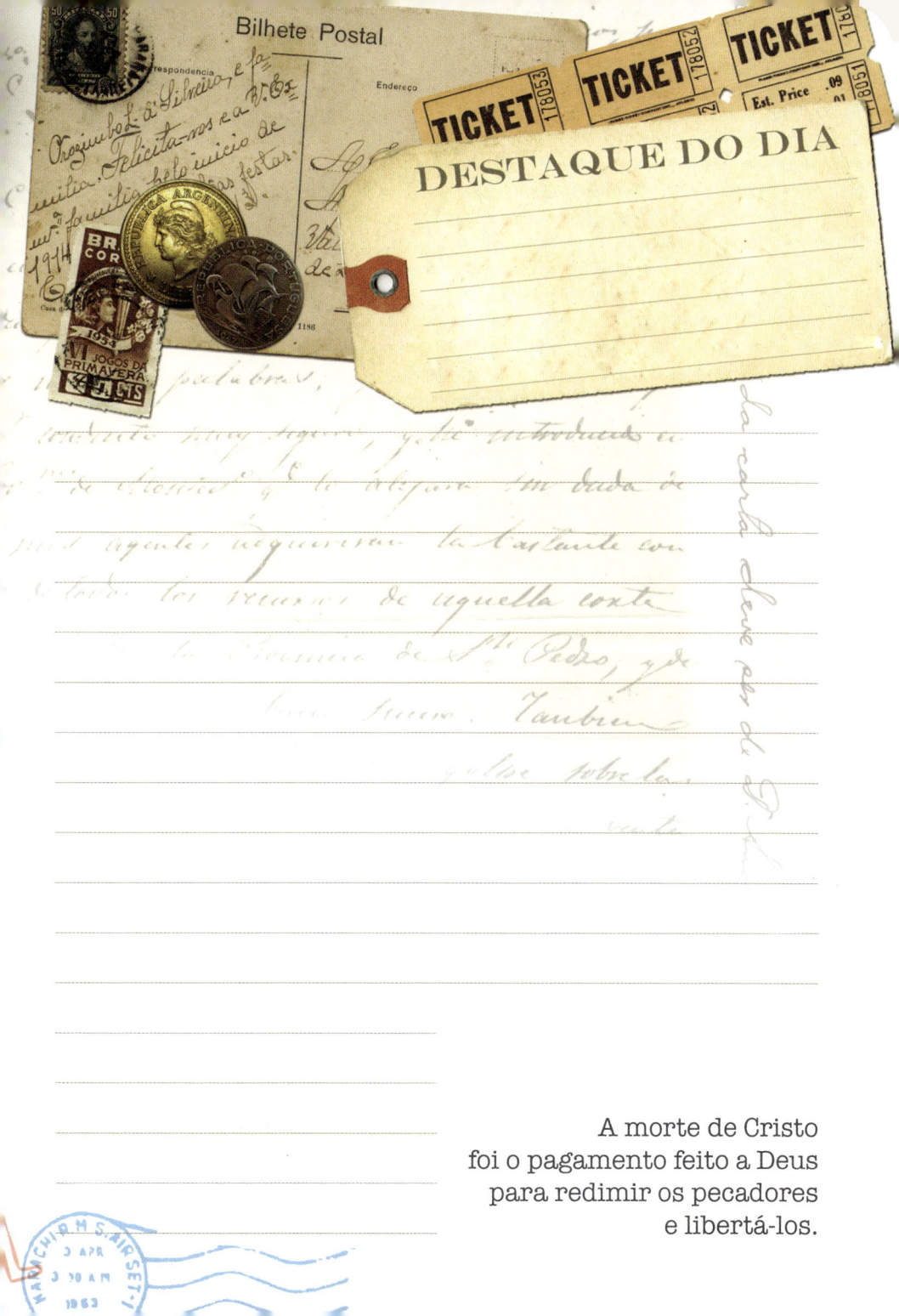

DESTAQUE DO DIA

A morte de Cristo
foi o pagamento feito a Deus
para redimir os pecadores
e libertá-los.

As vestimentas dos peregrinos eram distintas dos participantes da feira. As pessoas os trataram rudemente [...] e foram classificados como estrangeiros.

DESTAQUE DO DIA

O que vocês querem comprar? Eles o olharam seriamente e responderam: "Compramos a verdade."

DESTAQUE DO DIA

Os homens disseram que eram peregrinos e estrangeiros neste mundo, e que dirigiam-se ao seu país, a Jerusalém celestial.

DESTAQUE DO DIA

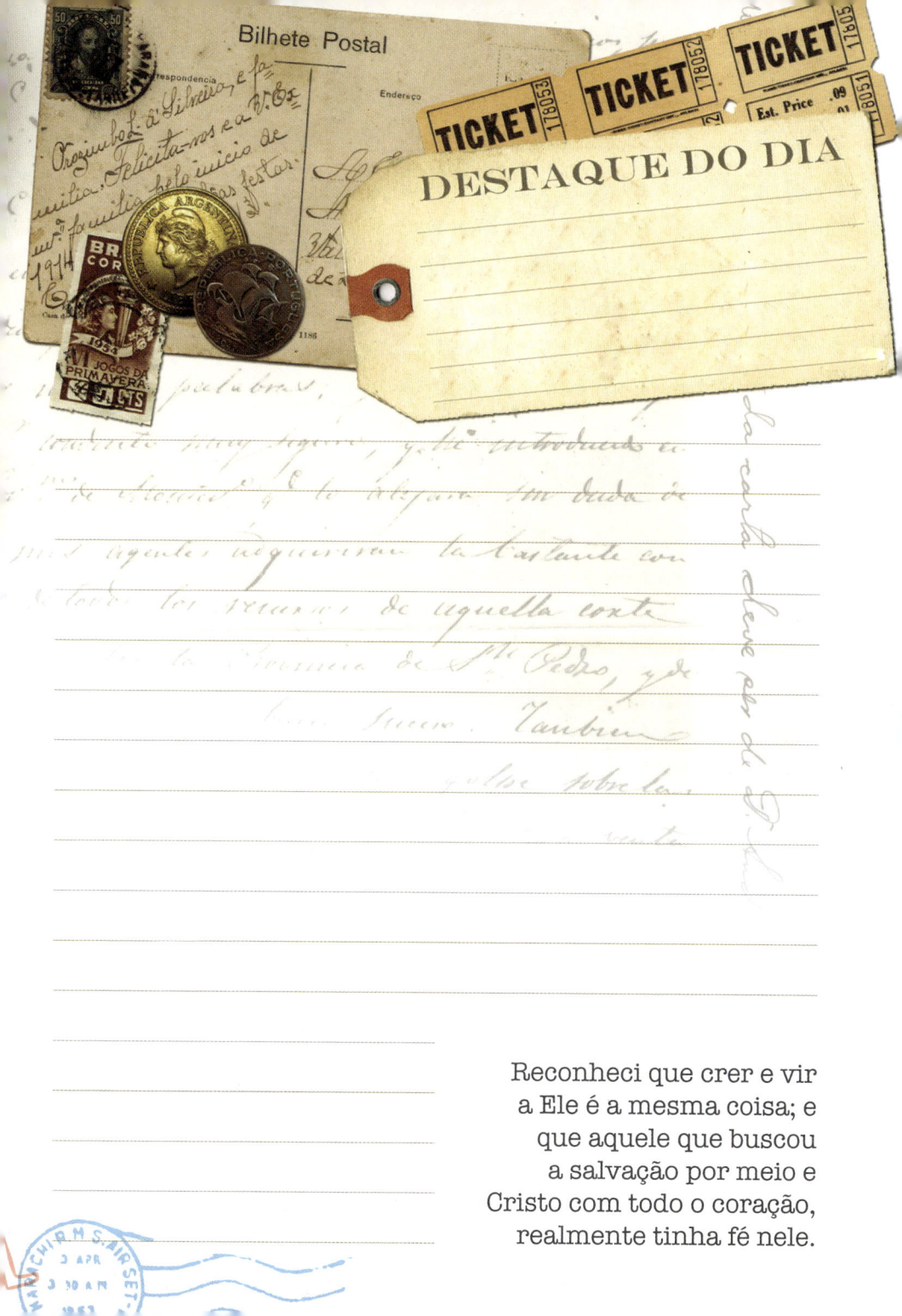

DESTAQUE DO DIA

Reconheci que crer e vir a Ele é a mesma coisa; e que aquele que buscou a salvação por meio e Cristo com todo o coração, realmente tinha fé nele.

Qualquer regra, lei, costume ou mesmo um povo que esteja contra a Palavra de Deus é diametralmente oposto ao cristianismo.

DESTAQUE DO DIA

Nem todas as conversões são semelhantes, bem como nem todos os cristãos.

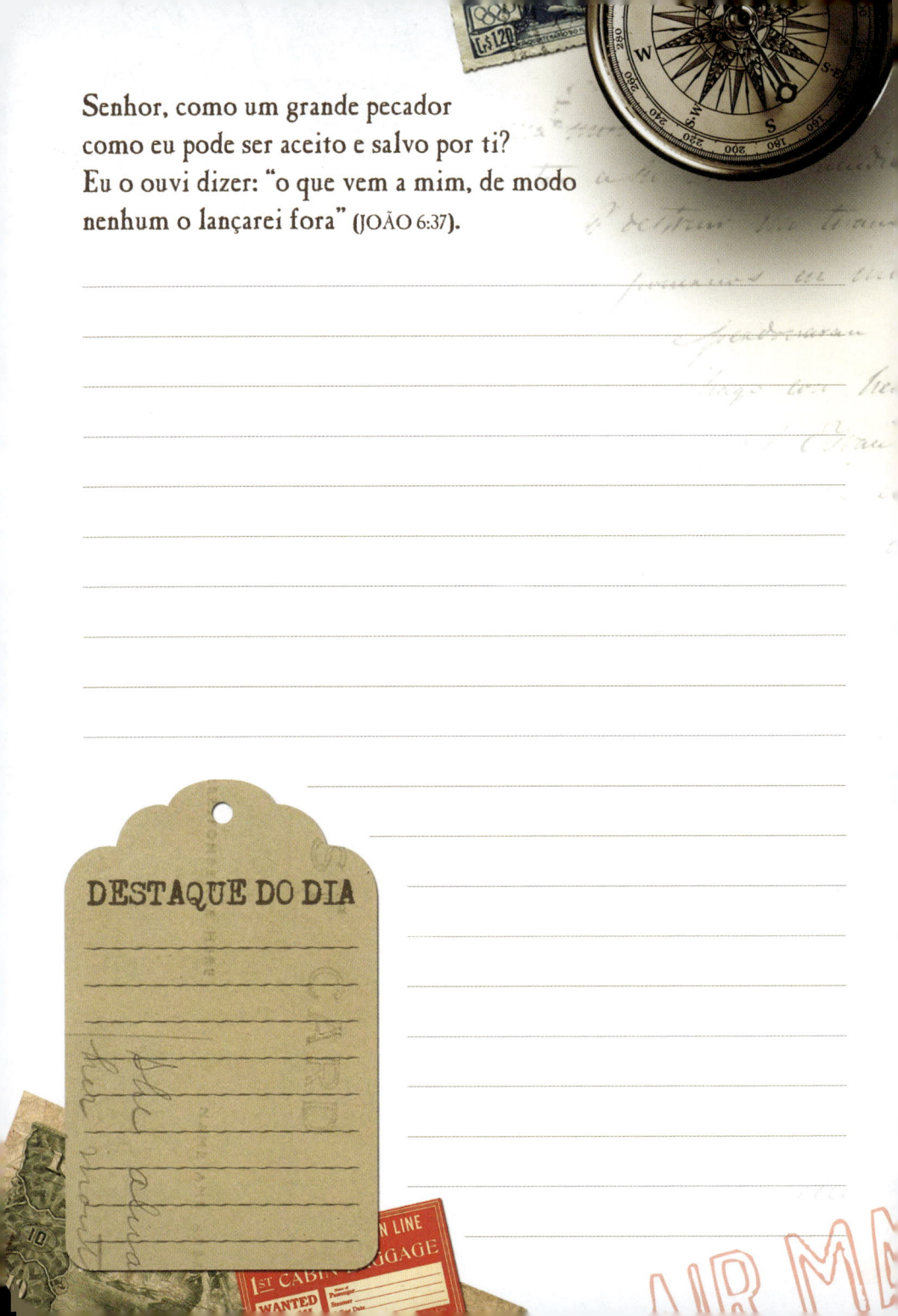

Senhor, como um grande pecador como eu pode ser aceito e salvo por ti? Eu o ouvi dizer: "o que vem a mim, de modo nenhum o lançarei fora" (JOÃO 6:37).

DESTAQUE DO DIA

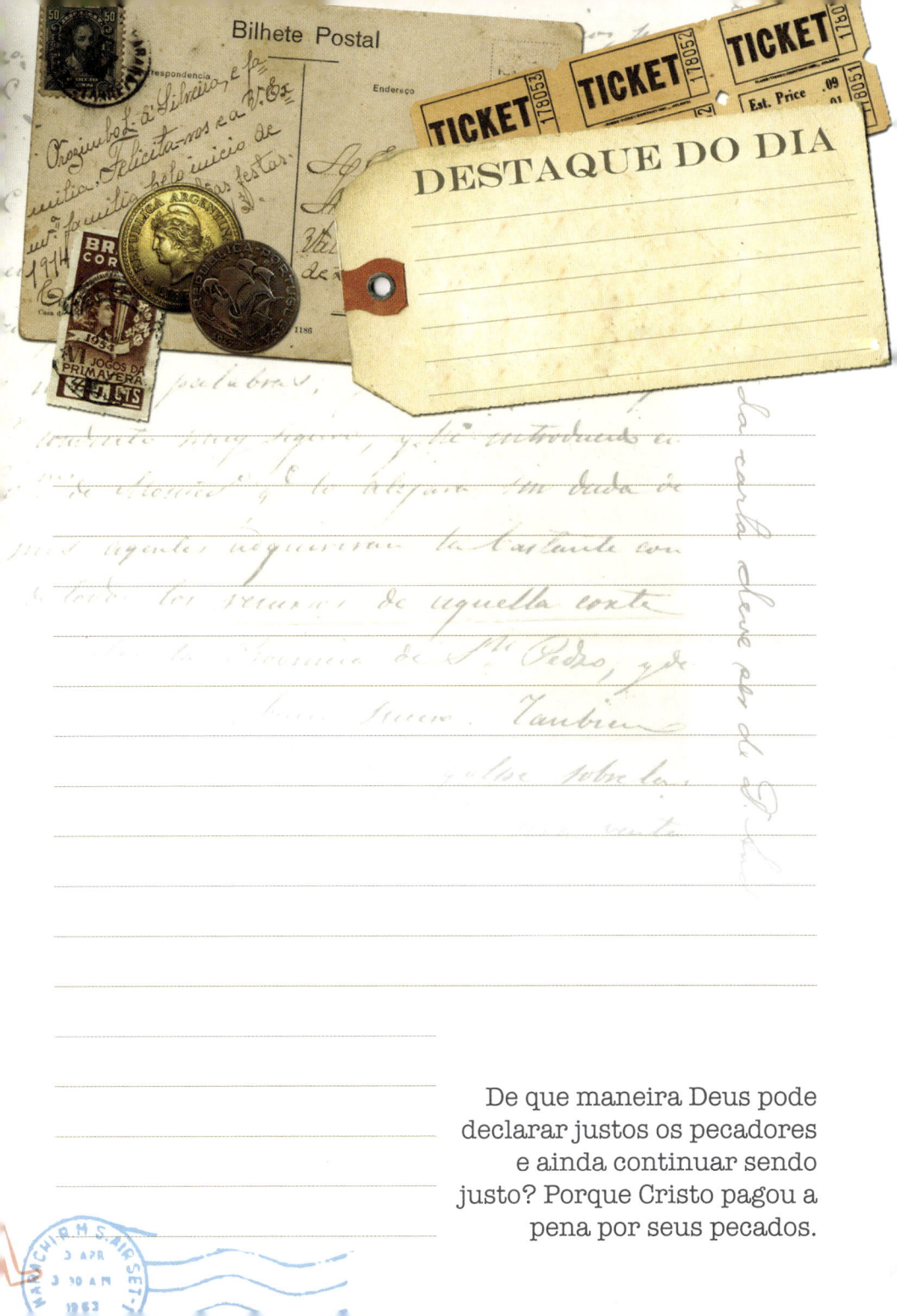

DESTAQUE DO DIA

De que maneira Deus pode declarar justos os pecadores e ainda continuar sendo justo? Porque Cristo pagou a pena por seus pecados.

Deus é justo (porque o pecado foi pago) e justificador daqueles que confiam em Cristo.

DESTAQUE DO DIA

Se é ilícito seguir a Cristo
em troca de pães, quanto mais
abominável é fazer da religião
um disfarce para promover a si
mesmo e seus negócios.

Esta descoberta me fez amar uma vida santa e desejar coisas que honrem e glorifiquem o nome do Senhor Jesus.

DESTAQUE DO DIA

DESTAQUE DO DIA

Se esses homens não conseguem permanecer firmes diante do julgamento humano, o que farão no julgamento divino?

Uma coisa, porém, é ter uma vida correta de fato e outra coisa é pensar que sua vida está de acordo com as orientações de Deus.

DESTAQUE DO DIA

DESTAQUE DO DIA

O tesouro é uma armadilha àqueles que o procuram, pois ele os impede de prosseguir em sua peregrinação.

Se mudarmos o caminho, nosso Senhor, o Rei, certamente ouvirá e nos envergonharemos. Nós desejamos permanecer firmes diante dele.

DESTAQUE DO DIA

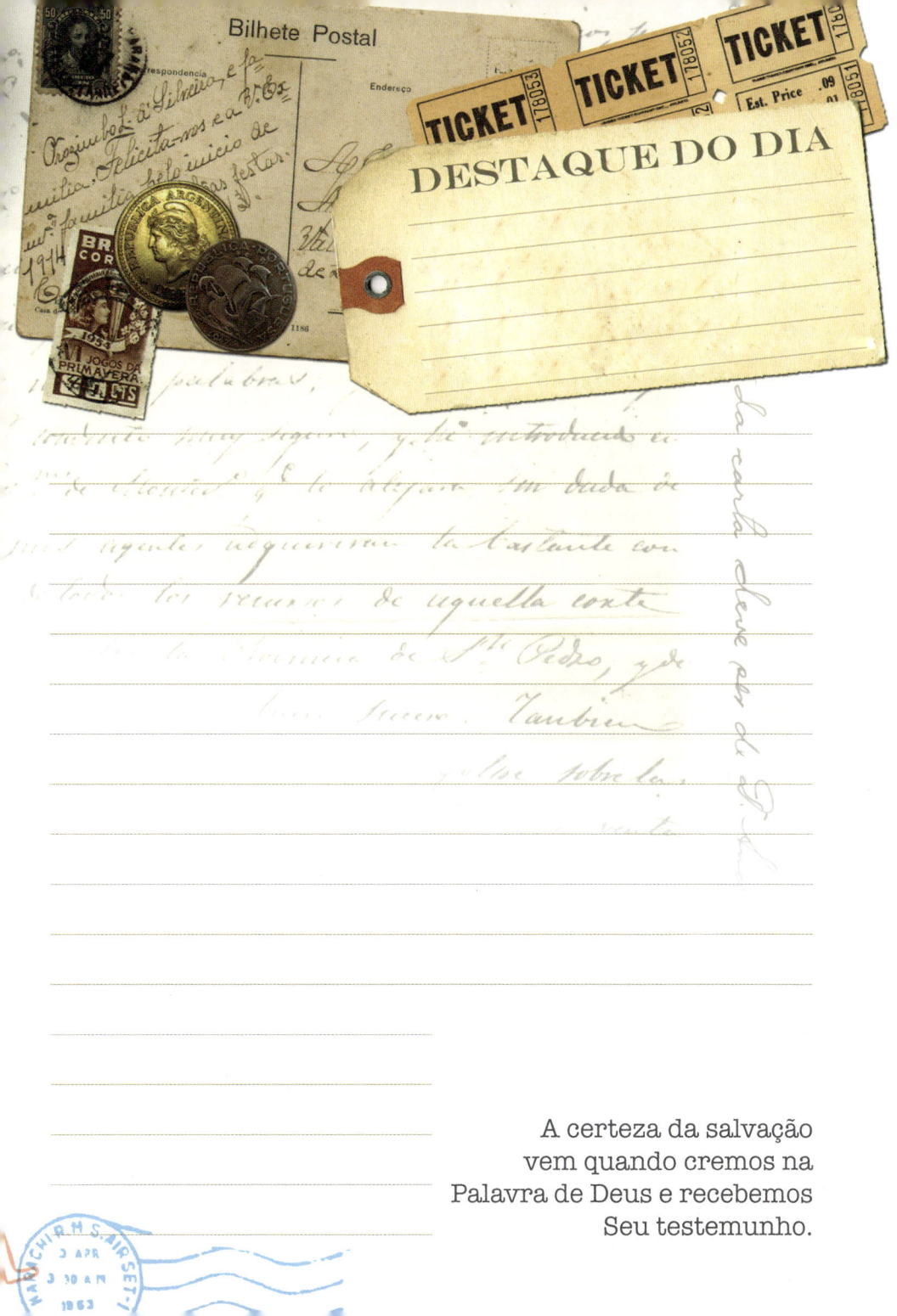

DESTAQUE DO DIA

A certeza da salvação vem quando cremos na Palavra de Deus e recebemos Seu testemunho.

Nas margens deste rio, de ambos os lados, havia árvores verdes com todos os tipos de frutos, e as folhas das árvores tinham propriedades curativas.

DESTAQUE DO DIA

Comeram [os frutos] junto com as folhas para prevenir a doença do excesso e outras moléstias as quais os viajantes são suscetíveis.

DESTAQUE DO DIA

A Palavra julga nosso coração e nosso caminho; e quando [...] ambos são bons, é porque estão de acordo com ela.

DESTAQUE DO DIA

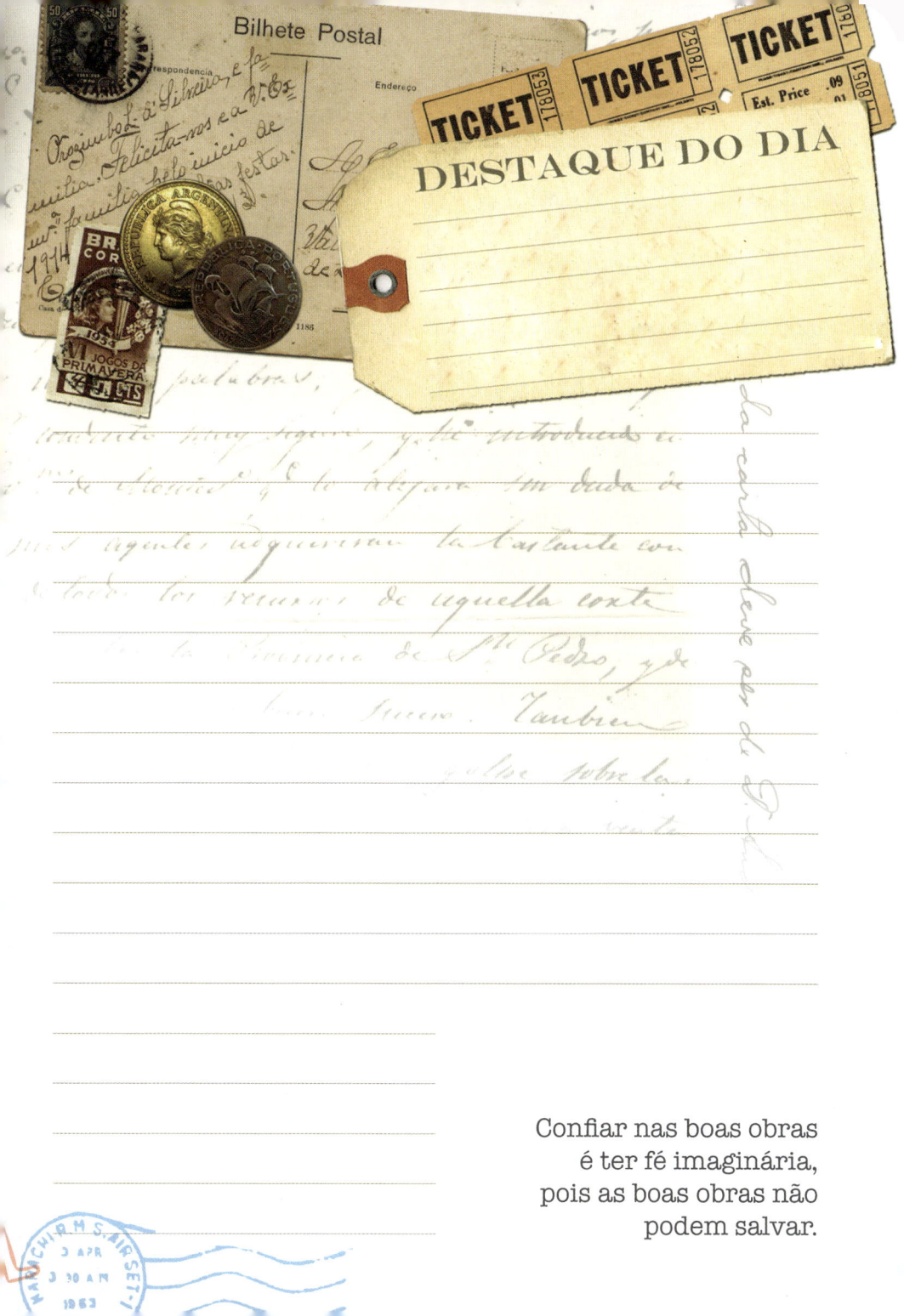

DESTAQUE DO DIA

Confiar nas boas obras
é ter fé imaginária,
pois as boas obras não
podem salvar.

Finalmente, encontraram um pequeno abrigo, sentaram-se para descansar até o amanhecer.

DESTAQUE DO DIA

Havia, perto de onde estavam,
um castelo chamado
Castelo da Dúvida.

A fé em Cristo é a verdadeira fé salvadora, porque a Palavra de Deus nos assegura que este é o caminho de Deus para a salvação.

DESTAQUE DO DIA

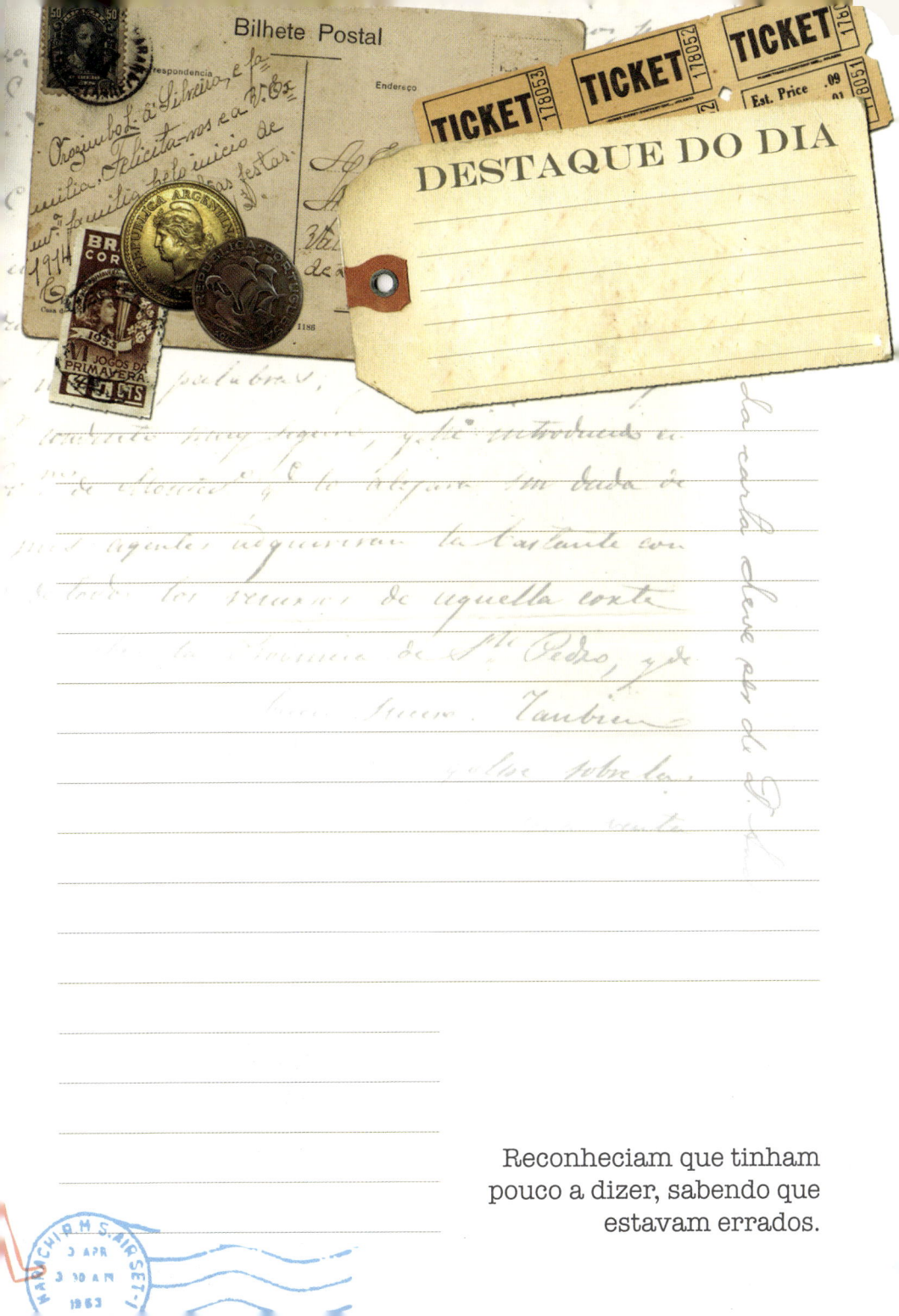

DESTAQUE DO DIA

Reconheciam que tinham pouco a dizer, sabendo que estavam errados.

Esperançoso percebe que foi permitido que chegassem a essa situação, e que o Senhor os estava corrigindo. Tudo o que precisam fazer é confiar.

DESTAQUE DO DIA

Meu irmão,
você não recorda quanta coragem
demonstrou até agora?

DESTAQUE DO DIA

Vamos exercitar um pouco mais de paciência.

DESTAQUE DO DIA

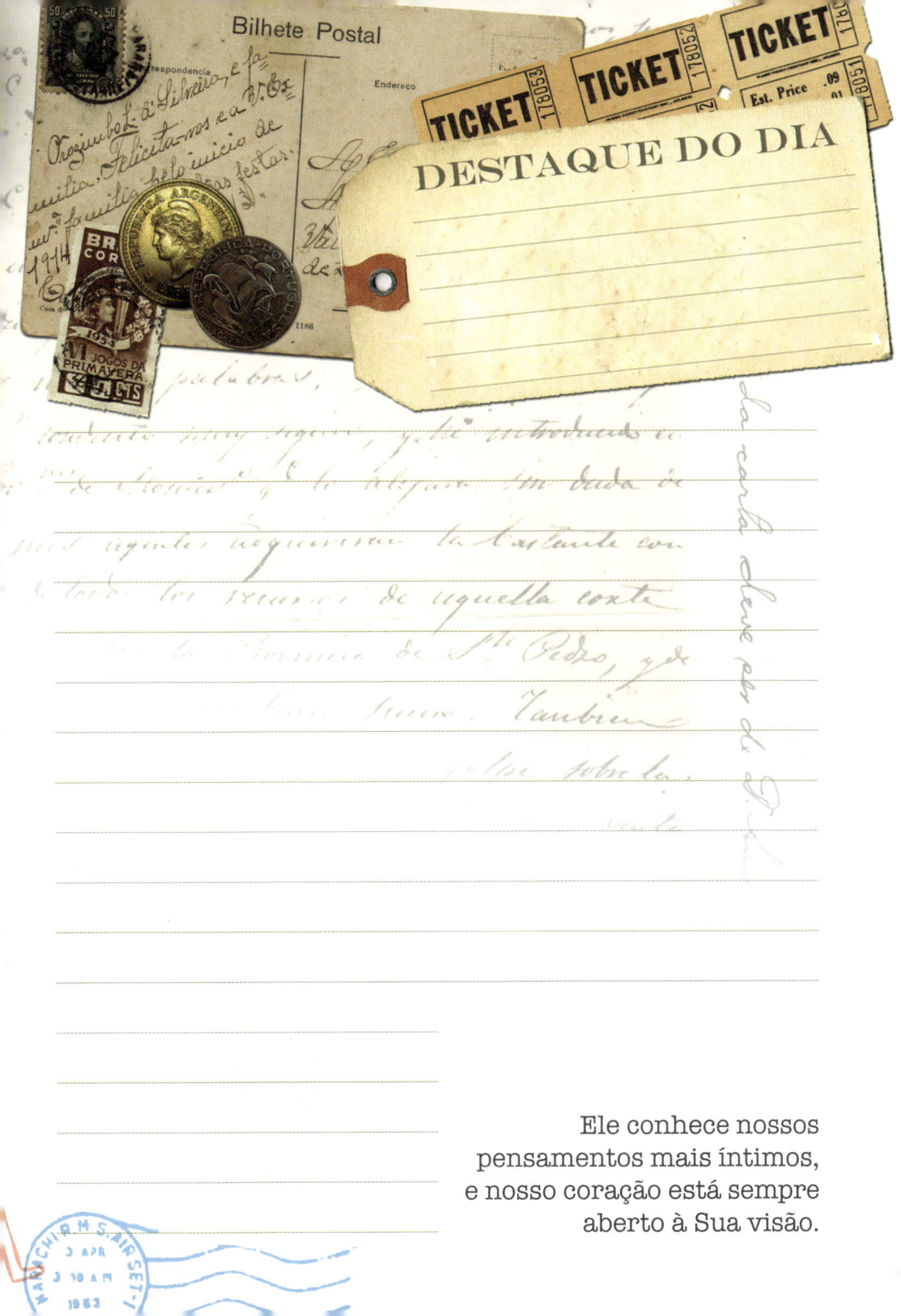

DESTAQUE DO DIA

Ele conhece nossos
pensamentos mais íntimos,
e nosso coração está sempre
aberto à Sua visão.

Tenho uma chave no peito chamada Promessa, a qual, estou certo, abrirá qualquer tranca do Castelo da Dúvida.

DESTAQUE DO DIA

DESTAQUE DO DIA

Cristão então pegou a chave da Promessa e tentou abrir a porta do calabouço, enquanto girava, [...] a porta se abriu facilmente e ambos saíram.

Seus atos evidenciam que não reconhece a necessidade da justiça pessoal de Cristo para ser justificado [...]. Como então pode dizer: "Creio em Cristo"?

DESTAQUE DO DIA

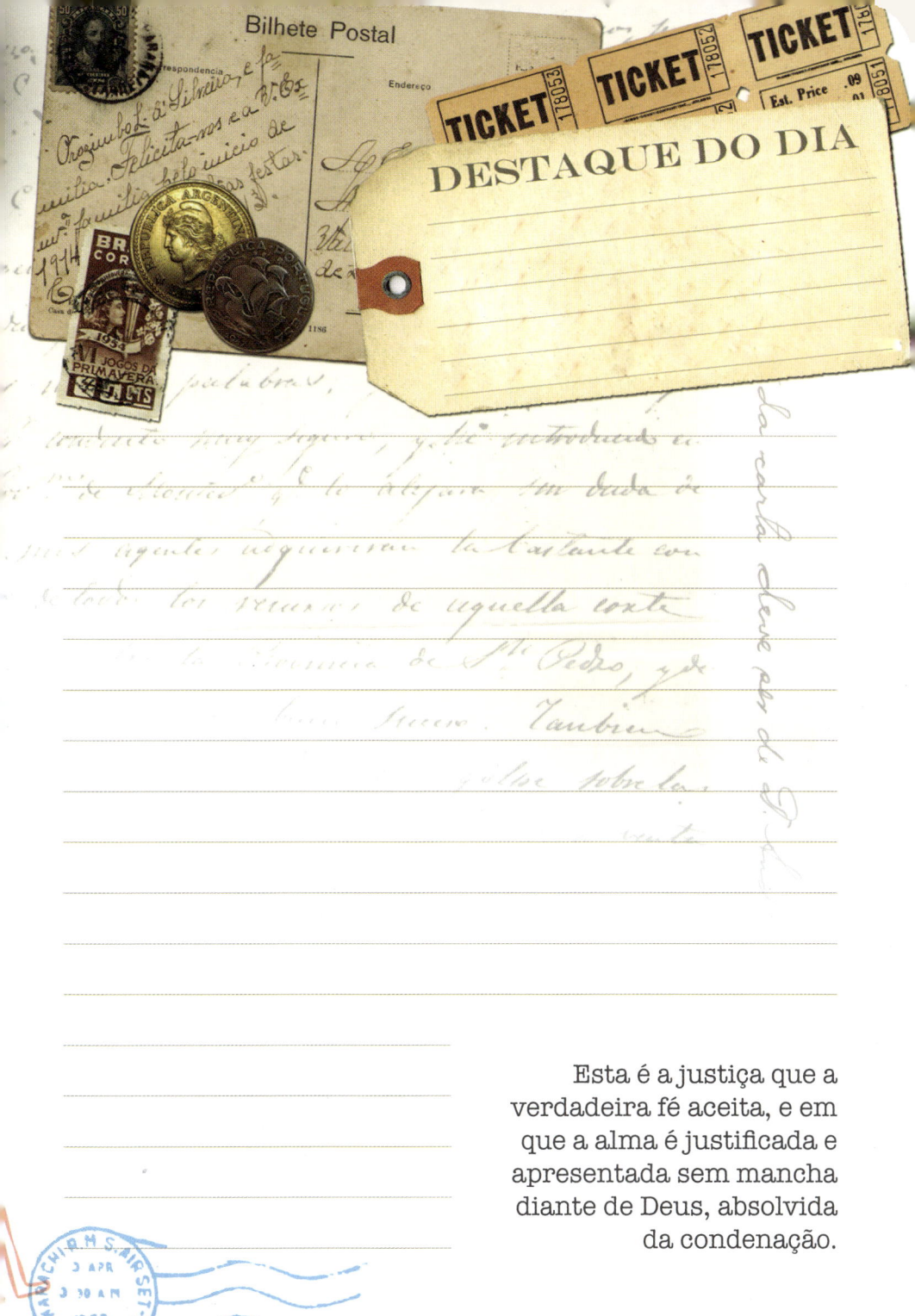

Esta é a justiça que a verdadeira fé aceita, e em que a alma é justificada e apresentada sem mancha diante de Deus, absolvida da condenação.

Ele realmente chega e aprende que a vida de sofrimento do cristão é equilibrada entre momentos de descanso e alegria.

DESTAQUE DO DIA

DESTAQUE DO DIA

O Senhor destas montanhas nos ordenou acolher os estrangeiros, portanto, as coisas boas deste lugar estão disponíveis para vocês.

Sem dúvida, assim é quando existe o tipo correto de medo, como a Palavra diz, "o temor do SENHOR é o princípio da sabedoria" (PROVÉRBIOS 9:10).

DESTAQUE DO DIA

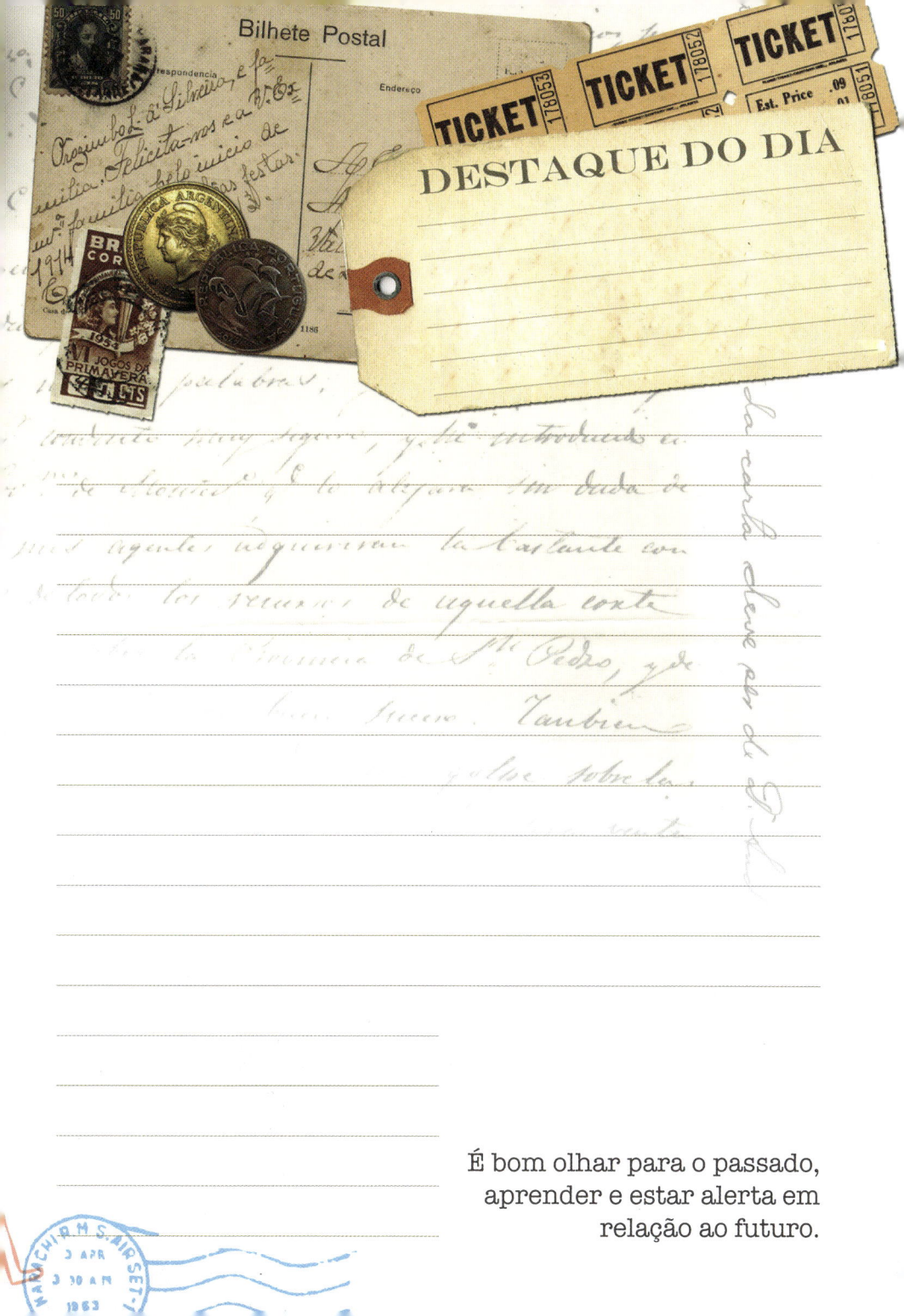

DESTAQUE DO DIA

É bom olhar para o passado, aprender e estar alerta em relação ao futuro.

De onde são? Como chegaram ao caminho? O que os ajudou a ser perseverantes?

DESTAQUE DO DIA

DESTAQUE DO DIA

"Temor" significa reverência e respeito, uma atitude apropriada dirigida a Deus.

Cria na alma uma grande reverência por Deus, Sua Palavra e caminhos, mantendo a alma sensível às coisas divinas.

DESTAQUE DO DIA

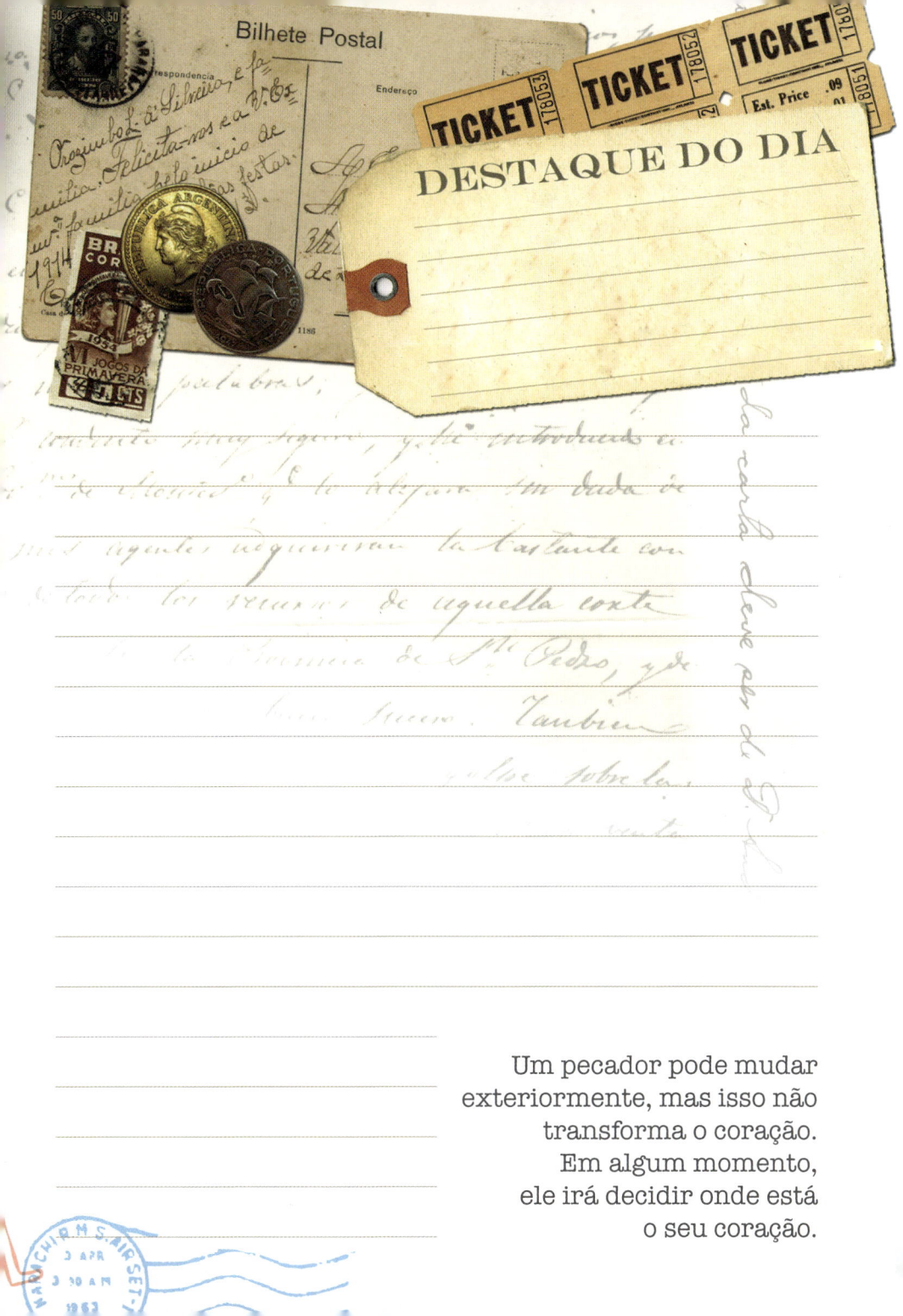

DESTAQUE DO DIA

Um pecador pode mudar exteriormente, mas isso não transforma o coração. Em algum momento, ele irá decidir onde está o seu coração.

Você entrou pelo caminho tortuoso, temo que, [...] quando chegar o dia do julgamento, seja acusado de ladrão e assaltante, em vez de ser admitido na cidade.

DESTAQUE DO DIA

Porque não há necessidade do sol no céu, o reflexo que os peregrinos veem pode ser causado pelo sol brilhando na terra em direção à Cidade Celestial.

DESTAQUE DO DIA

Embora os infiéis possam [...] vender
o que têm, incluindo a própria alma, [...]
aqueles que têm fé, mesmo que seja pequena,
não conseguem fazê-lo.

DESTAQUE DO DIA

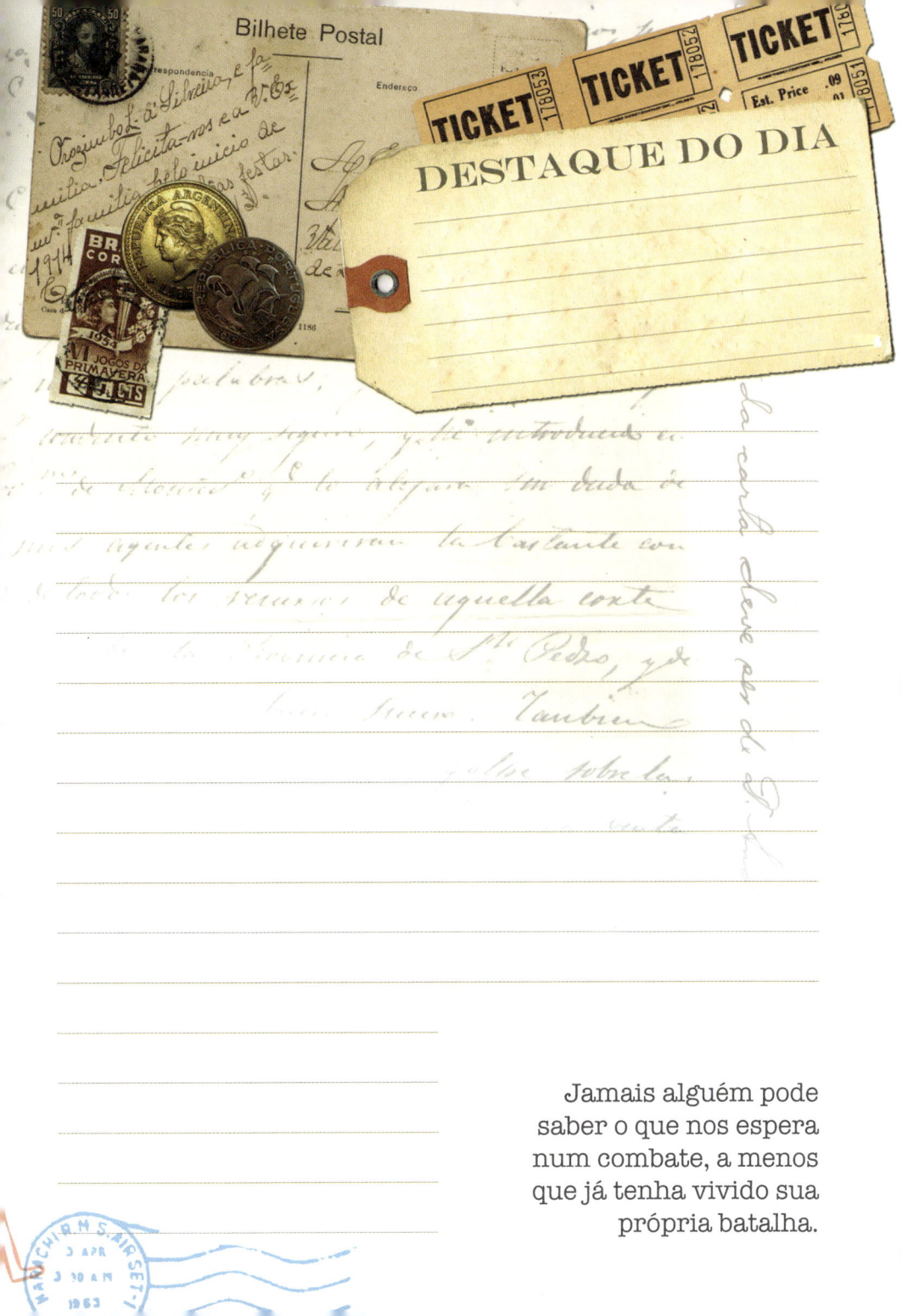

DESTAQUE DO DIA

Jamais alguém pode saber o que nos espera num combate, a menos que já tenha vivido sua própria batalha.

Eles não têm falta de trigo e vinho; pois neste lugar encontram abundância de tudo o que ansiaram durante toda a peregrinação.

DESTAQUE DO DIA

DESTAQUE DO DIA

Enquanto progredimos na vida cristã, as tentações se tornam mais sutis.

Ele [o inimigo] não nos teme quando estamos sem a armadura e o escudo. Pois quem tem habilidade diz: "...embraçando sempre o escudo da fé...".

DESTAQUE DO DIA

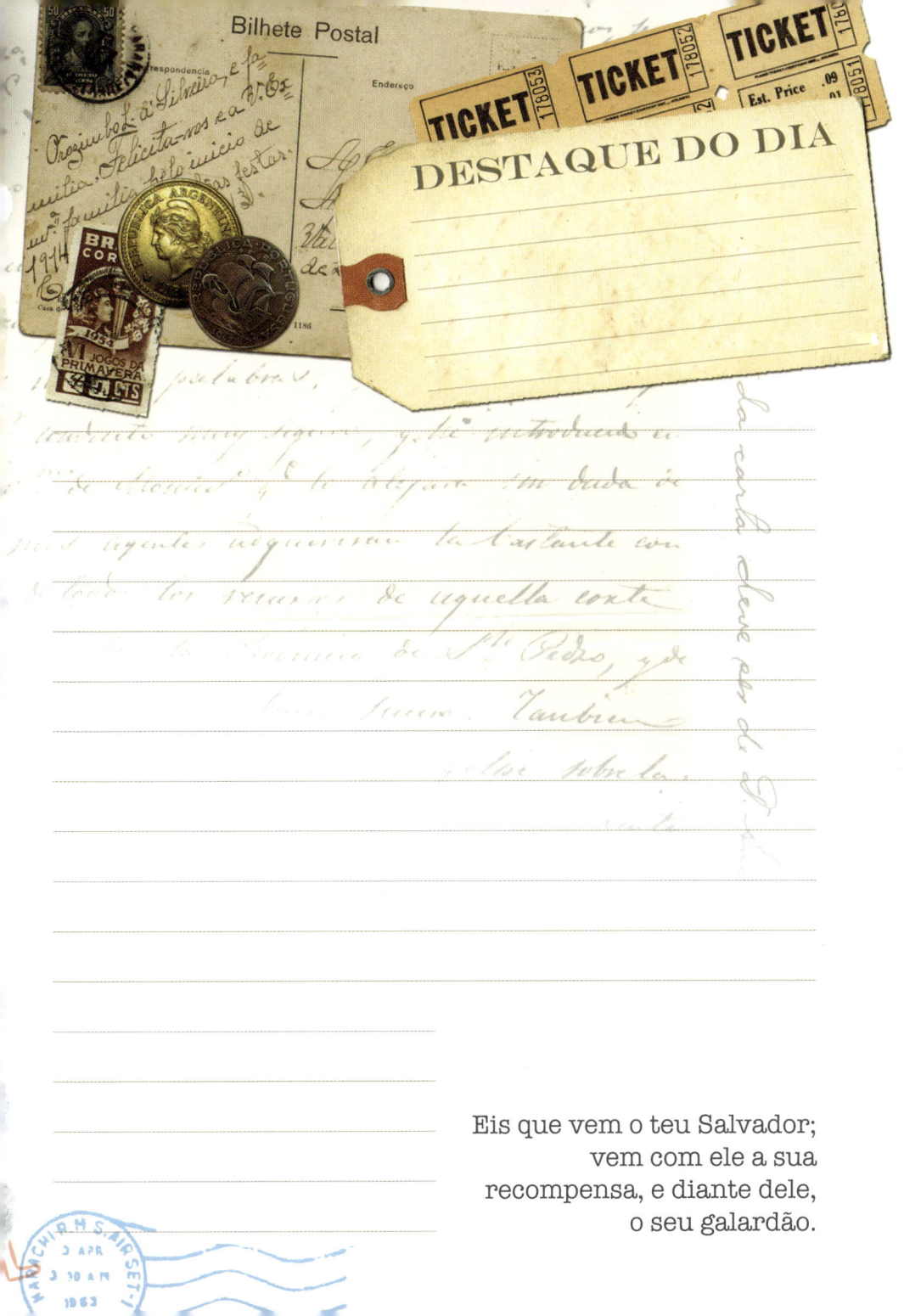

DESTAQUE DO DIA

Eis que vem o teu Salvador; vem com ele a sua recompensa, e diante dele, o seu galardão.

De quem são estes vinhedos e jardins? [...] "Eles são do Rei, e estão plantados aqui para Seu próprio prazer e para a consolação dos peregrinos."

DESTAQUE DO DIA

Ele também mostrou por onde o Rei caminhava e onde eram Suas árvores preferidas; ali pararam e dormiram.

DESTAQUE DO DIA

Vocês devem alcançar a cidade mediante a própria fé.

DESTAQUE DO DIA

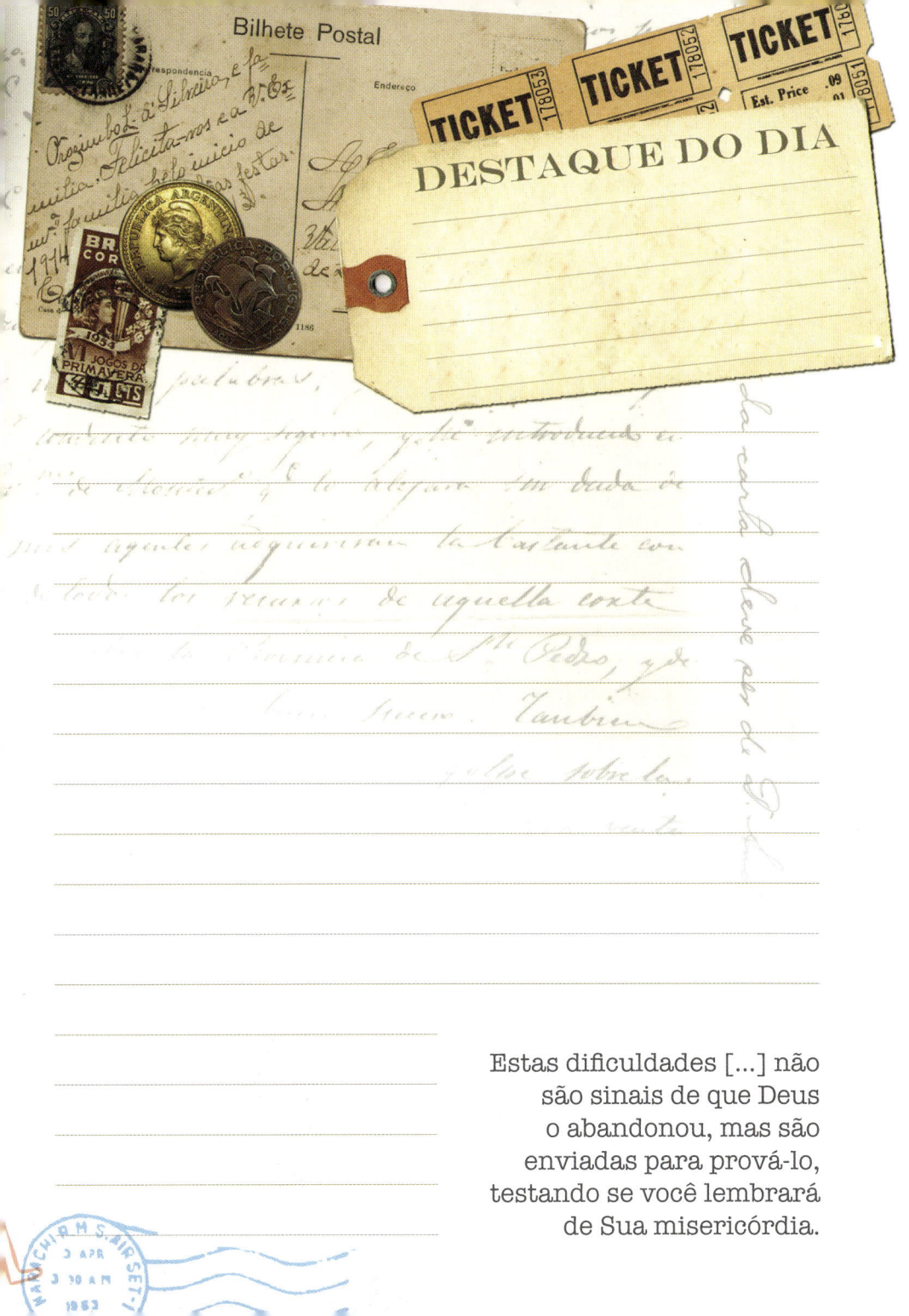

DESTAQUE DO DIA

Estas dificuldades [...] não são sinais de que Deus o abandonou, mas são enviadas para prová-lo, testando se você lembrará de Sua misericórdia.

Meu irmão, não perguntei porque duvidava do que cremos, mas para testar você e levá-lo a pensar honestamente sobre o que está no coração.

DESTAQUE DO DIA

Lá vocês nunca mais verão as coisas que viram quando estavam na terra: tristeza, aflição e morte, "porque as primeiras coisas passaram".

DESTAQUE DO DIA

Vejo que o sábio revelou a verdade:
"Melhor é serem dois do que um..."
(ECLESIASTES 4:9).

DESTAQUE DO DIA

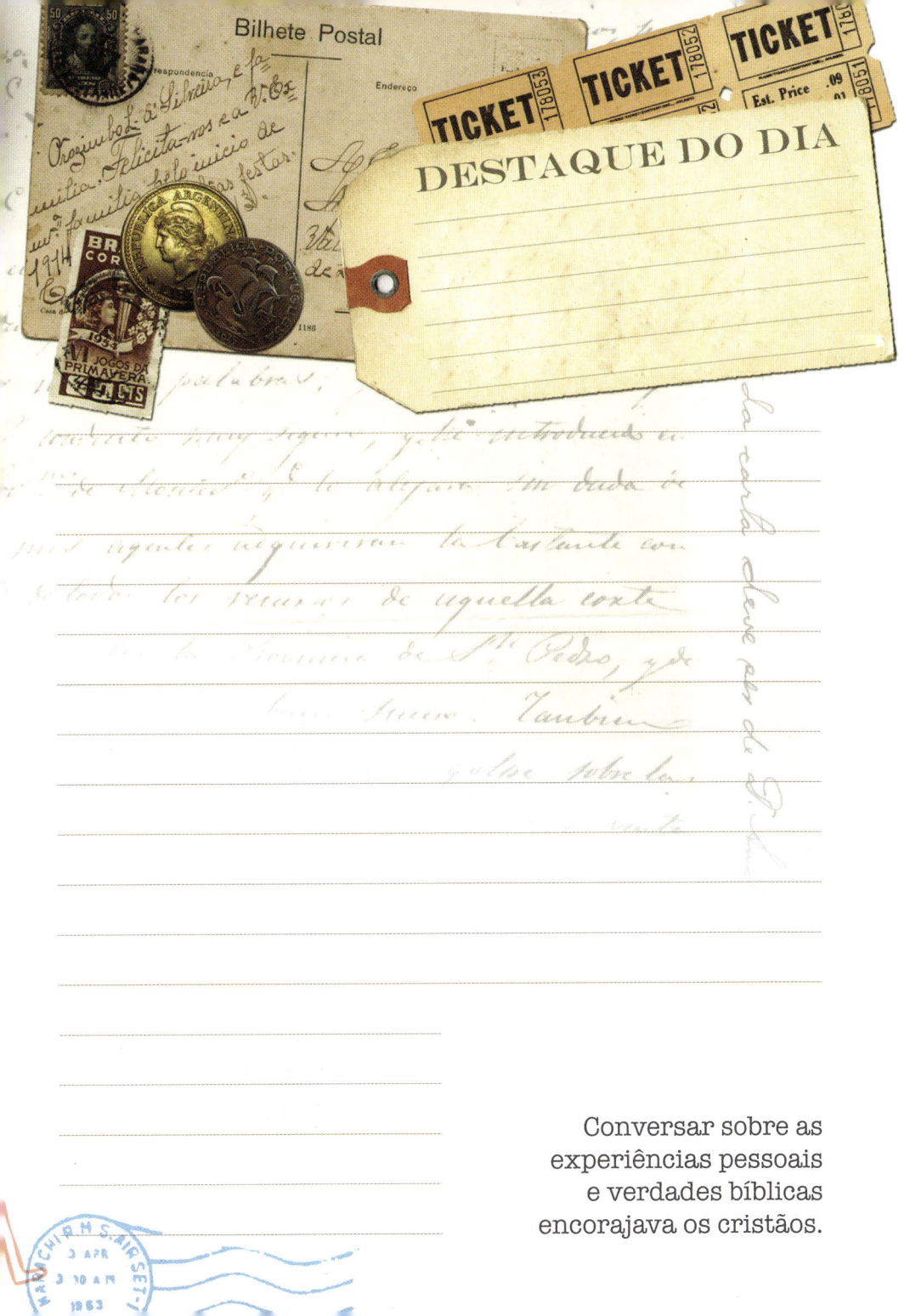

DESTAQUE DO DIA

Conversar sobre as
experiências pessoais
e verdades bíblicas
encorajava os cristãos.

Colherão o fruto que plantaram, o fruto de todas as suas orações, lágrimas e sofrimento pelo Rei por todo o caminho.

DESTAQUE DO DIA

A princípio não estava disposto a reconhecer o mal do pecado [...] quando minha mente foi tocada pela Palavra, tentei fechar os olhos contra a luz.

Nunca percebi que Deus inicia a conversão de um pecador, despertando-o do pecado.

DESTAQUE DO DIA

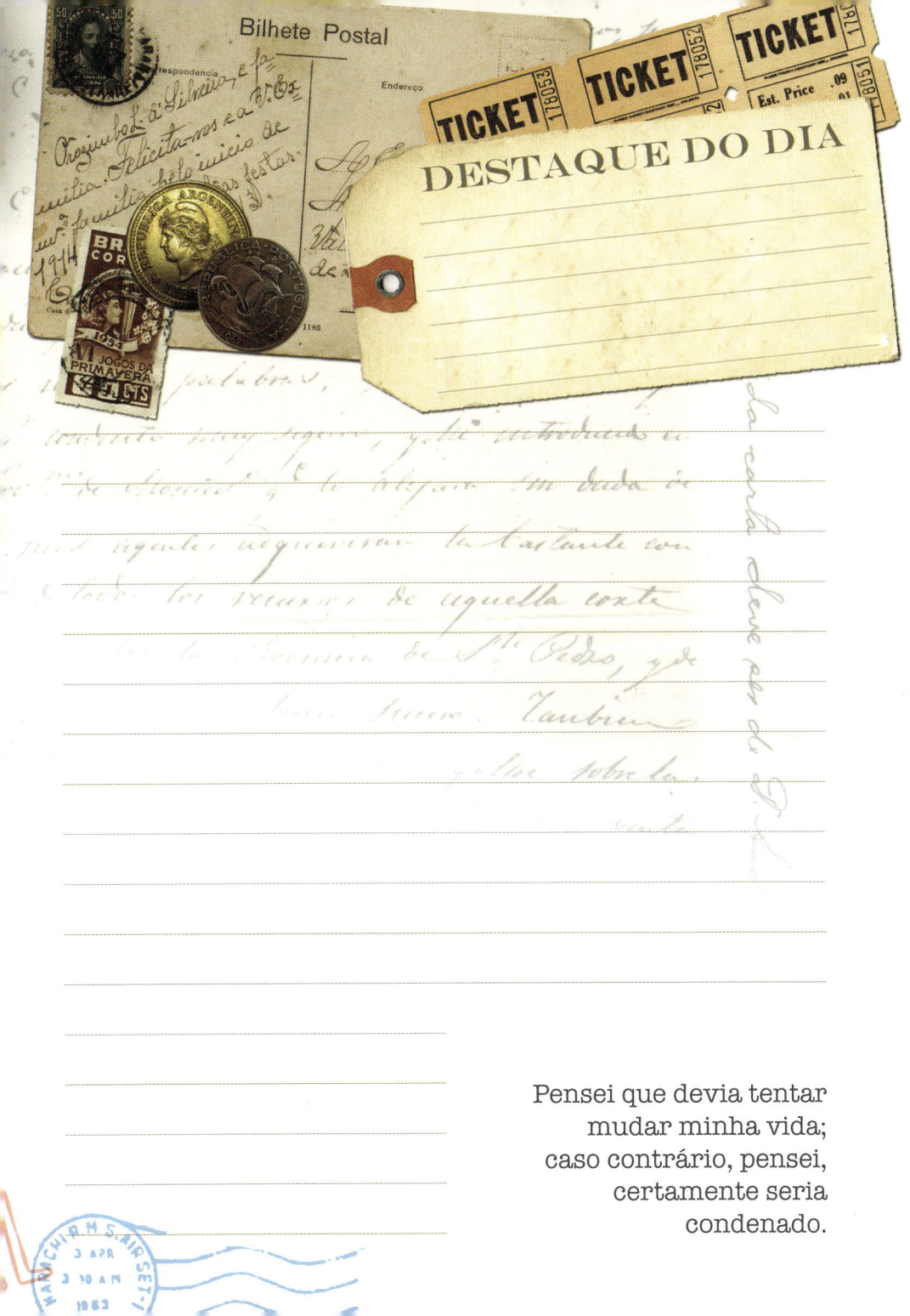

DESTAQUE DO DIA

Pensei que devia tentar
mudar minha vida;
caso contrário, pensei,
certamente seria
condenado.

Comecei a praticar deveres religiosos como orar, ler a Bíblia, lamentar pelos meus pecados, falar a verdade aos vizinhos e, assim por diante.

DESTAQUE DO DIA

DESTAQUE DO DIA

É tolice pensar que podemos alcançar o céu por meio da lei.

Mesmo se fizer novas compras
e pagar por elas, mas não saldar a dívida antiga,
o lojista ainda pode processá-lo.

DESTAQUE DO DIA

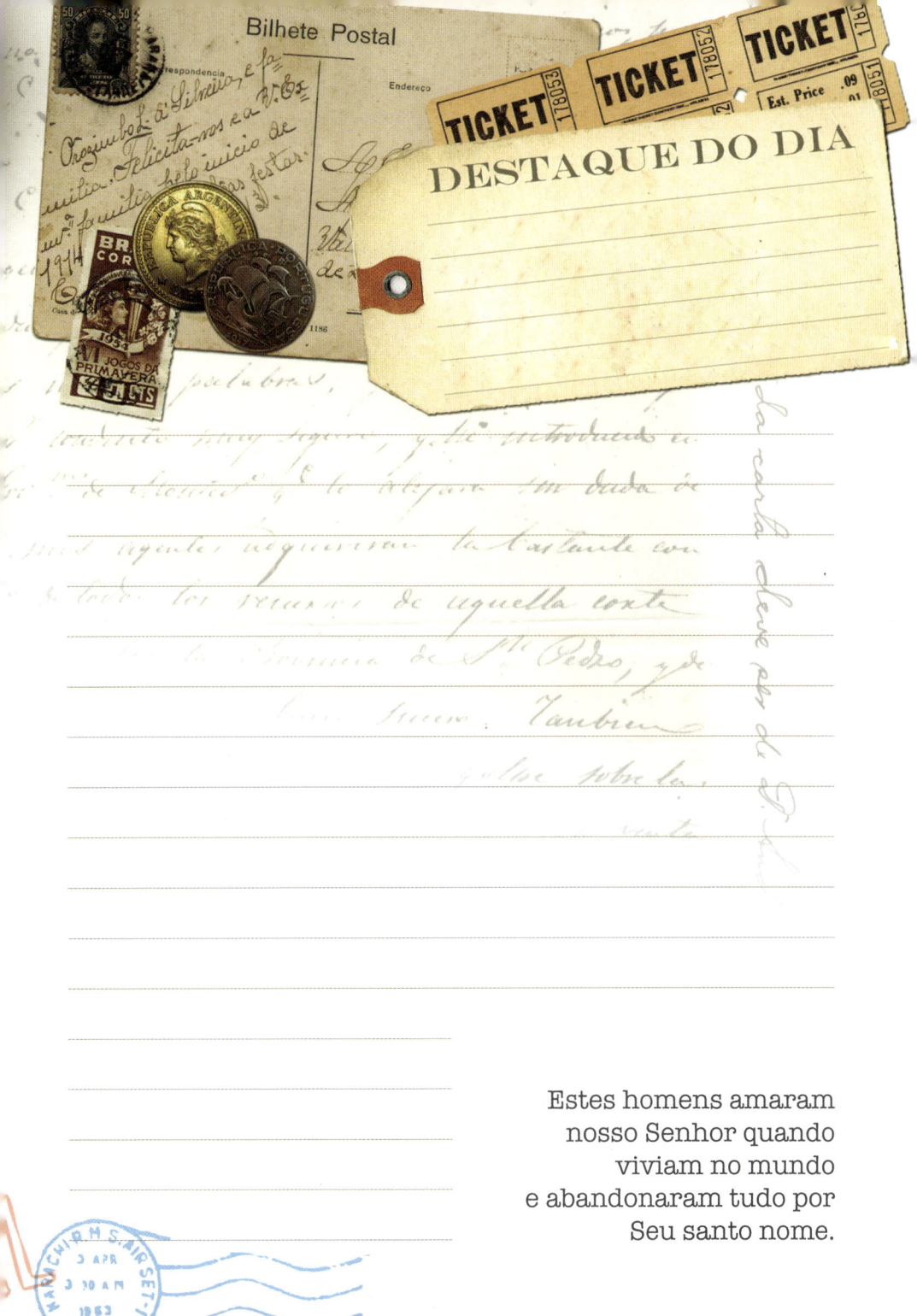

DESTAQUE DO DIA

Estes homens amaram
nosso Senhor quando
viviam no mundo
e abandonaram tudo por
Seu santo nome.

Agora os dois homens sentiam-se no céu antes mesmo de chegar lá, acolhidos pela visão dos anjos e sons das melodiosas canções.

DESTAQUE DO DIA

Bem-aventurados aqueles que lavam as suas vestiduras [no sangue do Cordeiro], para que lhes assista o direito à árvore da vida, e entrem na cidade.

DESTAQUE DO DIA

Quando o pecador confia em Cristo,
a justiça de Deus é colocada em sua conta.

DESTAQUE DO DIA

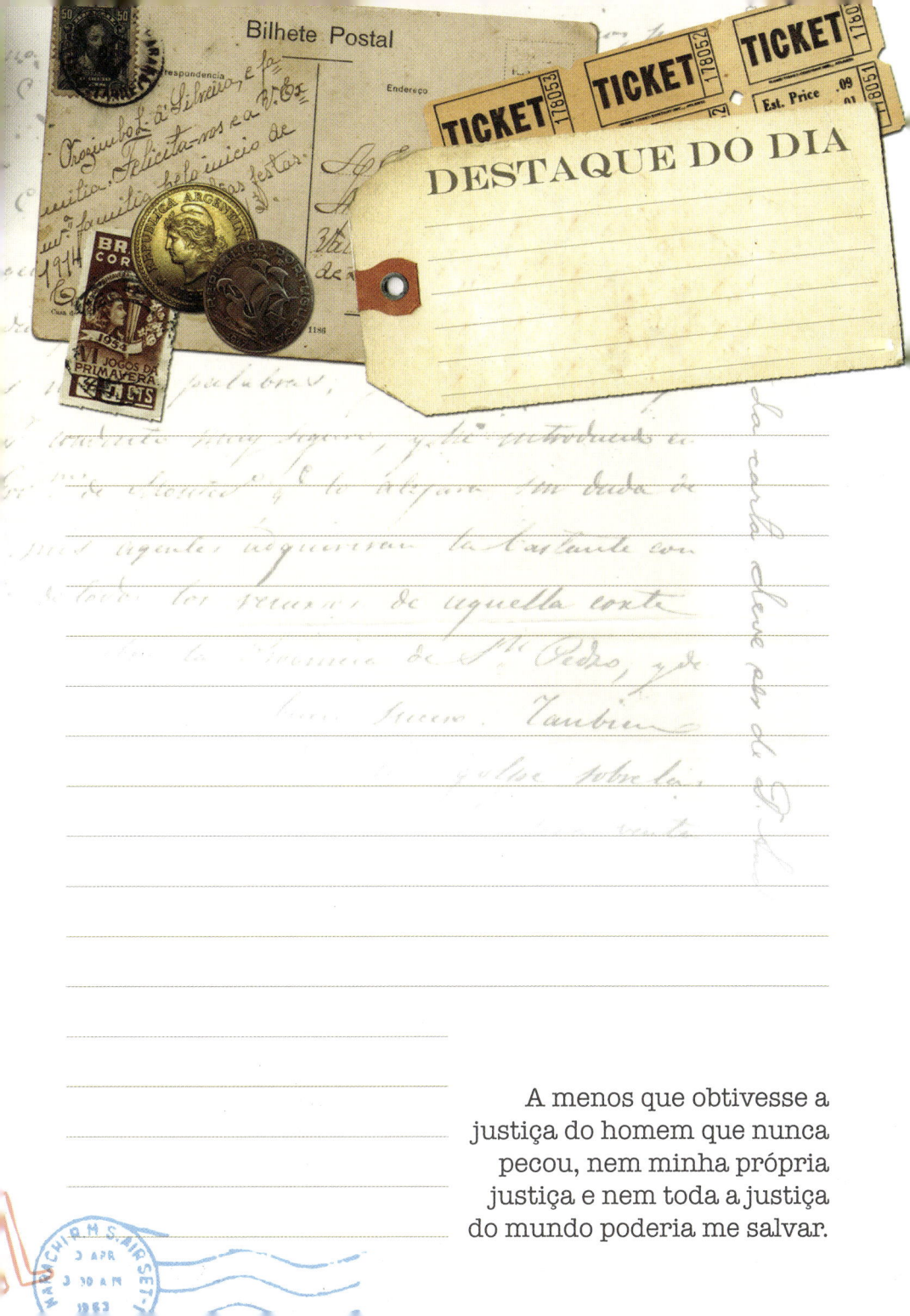

DESTAQUE DO DIA

A menos que obtivesse a justiça do homem que nunca pecou, nem minha própria justiça e nem toda a justiça do mundo poderia me salvar.

Você deve ser justificado por Ele, confiando somente no que Ele fez durante Sua vida na terra e Seu sofrimento na cruz.

DESTAQUE DO DIA

Perguntei como a justiça
daquele homem podia justificar
outra pessoa diante de Deus.
Ele me respondeu que esse homem
era o próprio Deus poderoso.

DESTAQUE DO DIA

Ele desceu do céu e morreu sobre a cruz não por si mesmo, mas por mim. Se cresse nele, Sua justiça seria creditada à minha conta.

DESTAQUE DO DIA

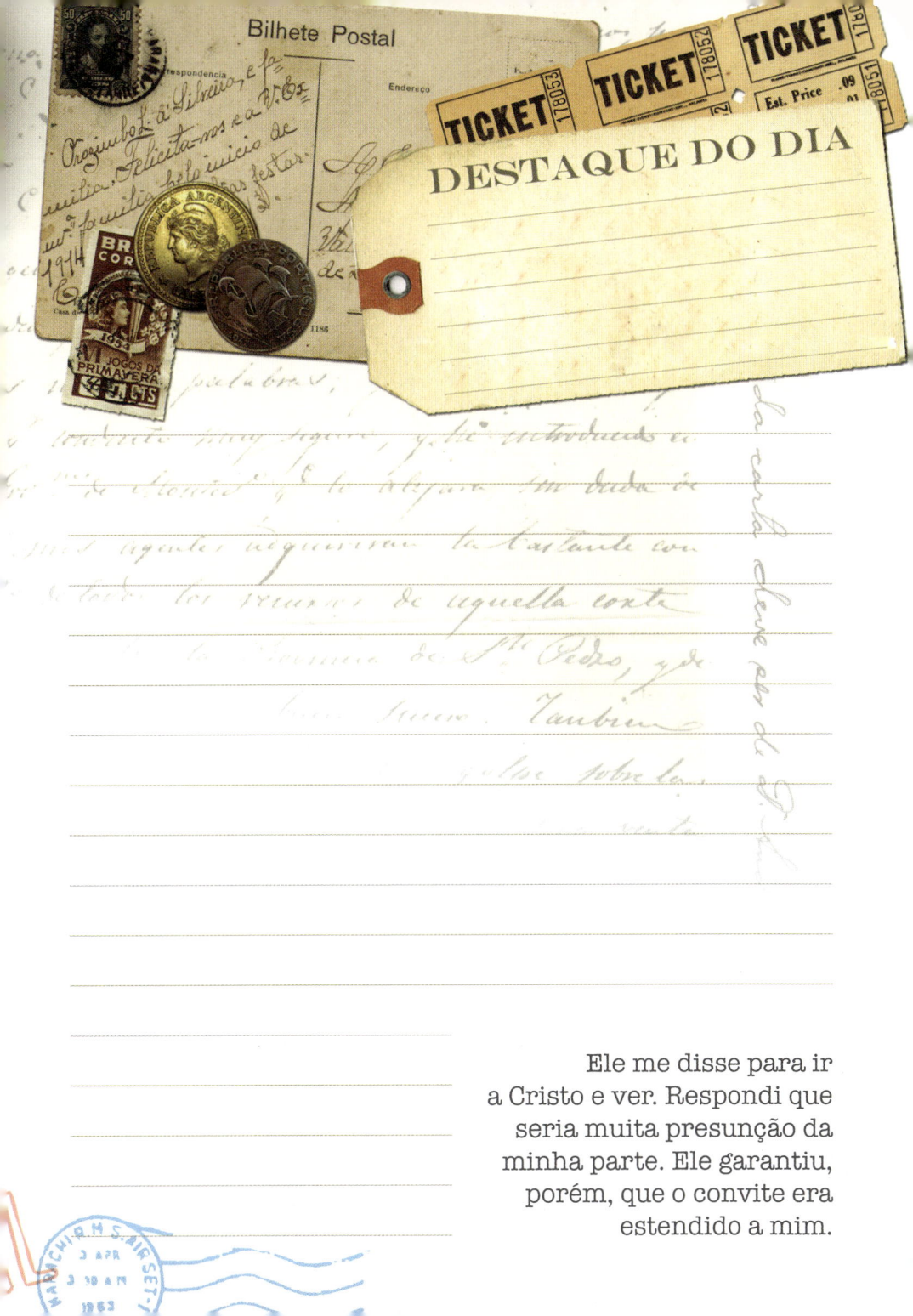

DESTAQUE DO DIA

Ele me disse para ir a Cristo e ver. Respondi que seria muita presunção da minha parte. Ele garantiu, porém, que o convite era estendido a mim.

Entendo que sem a Sua justiça, e minha fé nessa justiça, estou totalmente perdido.

DESTAQUE DO DIA

DESTAQUE DO DIA

Por causa da morte de Jesus pelos pecadores, o trono de Deus é um trono de graça e misericórdia, e não um trono de julgamento.

Estas palavras com grande poder repentinamente vinham a minha mente: "A minha graça te basta..." (2 CORÍNTIOS 12:9).

DESTAQUE DO DIA

DESTAQUE DO DIA

Creio que tudo o que ouvi era verdade, isto é, que sem a justiça deste Cristo, nada no mundo poderia me salvar.

Certo dia, eu estava profundamente triste, [...].
Esta dor era o resultado da visão da magnitude e vileza dos meus pecados.

DESTAQUE DO DIA

Na vida cristã equilibrada, com mente e emoções envolvidas, a verdade deve iluminar a mente, mexer com as emoções e motivar a vontade.

Não podemos satisfazer a Deus com nossas boas obras, mas Cristo cumpriu as demandas de justiça da Lei de Deus com Sua morte na cruz.

DESTAQUE DO DIA